革新

科技改变生活

10年後のGAFA
を探せ
世界を変える100 社

Nikkei Business

《日经商务周刊》— 编

杨晶晶 — 译

浙江人民出版社

P前言
REFACE

现在看来，那部科幻短片真是极具前瞻性。

谷歌和亚马逊合并成立了一家名为"Googlezon"的公司，即：Google+Amazon=Googlezon。该公司通过大数据分析，掌握了地球上所有人的思想与消费行为，最终控制了整个世界。

这是2004年的科幻短片——《史诗2014》（*Epic2014*）中描绘的世界。虽然现实中谷歌并没有和亚马逊合并，但是短片传递出的"谁掌握数据，谁就能控制整个世界"这一主题却发人深省。

现在，那些称霸世界的科技巨头掌握着大量的个人信息，也因此拥有了强大的支配力。如取谷歌（Google）、亚马逊（Amazon）、脸书（Facebook）、苹果（Apple）这4家公司的英文首字母而组成的"GAFA"，便是其中最重要的力量。

地球上有几十亿人在使用互联网，这些人几乎每天都会接触GAFA的产品或服务。这些产品或服务，就像水、电、燃气一样，已经成为人们日常生活中不可或缺的一部分。

无论男女老少，每天都有人使用谷歌的搜索功能，或使用Gmail收发电子邮件。智能手机、智能电视等电子产品，也有很多在使用谷歌的安卓操作系统。

在亚马逊网站上订购纸尿裤、饮用水等商品，最快当天便可送达。向该公司的智能语音助手Alexa提出问题，它也会立即答复你。

还有不少人在脸书上写下当天发生的事情，与朋友交流，或是一天花好几个小时盯着苹果的iPhone手机屏幕，并使用智能语音助手Siri和苹果支付 Apple Pay。

然而，这些便利只是 GAFA 的表象，背地里，它们却监控着每一个用户。其实，利用人工智能对大数据进行分析，推荐给消费者感兴趣的广告或者商品，仅仅是冰山一角，那些将收集起来的个人信息偷偷出售给别的公司的做法亦是人尽皆知。

加强全球管制

大数据被称为"21 世纪的石油"，简直就是摇钱树。利用大数据发展起来的这 4 家公司总市值非常高，截至 2019 年 5 月，它们中市值最低的为 5000 亿美元，最高的已达到 10000 亿美元。

当然，GAFA 也遇到了各种问题。比如，有人批评这些公司随意使用数据，把数据当作赚钱的手段。这一说法一出，限制行动便如燎原之火般在全球范围内展开。

欧盟是其中的急先锋。2018 年 5 月，欧盟正式实施《通用数据保护条例》（GDPR），针对的便是获取了大量个人信息的 GAFA。2019 年 1 月，谷歌由于违反该条例被开出 5000 万欧元的罚单。脸书也因违反该条例而面临起诉。

另外，欧盟还认为 GAFA 涉嫌违反《欧盟反垄断法》。2019 年 3 月，由于 GAFA 签订了限制竞争对手的不平等广告合约，作为欧盟执行机构的欧盟委员会向谷歌开出了 14.9 亿欧元的罚单，同时还对脸书、亚马逊、苹果展开了调查。

随后，美国当局也开始行动。美国司法部和联邦贸易委员会（FTC）先后开始调查 GAFA 是否存在违反反垄断法规的行为。接着，日本、印度等国家也出现了限制 GAFA 的迹象。

美国民主党参议员伊丽莎白·沃伦甚至明确表示："如果我当选美国总统，就解散 GAFA。""解体论"的出现，使这 4 家公司的活动受到制约，发展也因此受到影响。

GAFA 的遭遇与 20 年前微软的情况类似。当时，由于在操作系统市场占据绝对优势，美国司法部门起诉微软妨碍市场竞争。在连续 12 年应对诉讼的过程中，微软逐渐失去了发展优势，不得不将 IT 行业的头把交椅让位给 GAFA。同样地，微软的股票价格 10 多年来持续低迷，直到最近几年才稍有起色。显然，GAFA 也会重蹈覆辙。

在这样的大环境背景下，人们对那些虽有一定风险，但能够产生技术革新的企业的关注度越来越高。也许，GAFA 面临的困境，对新兴势力来说却是大好的机遇。

新兴势力的崛起

新兴势力的技术创新以及其对人工智能技术的灵活运用，在社交网络、移动出行、金融、机器人、健康管理、食品、娱乐等领域开始大放异彩。相信它们很快便会给传统的商业模式、生活方式以及基础设施带来惊人的变化。

飞行汽车、宇宙开发、量子计算机、共享汽车、大数据分析、替代白领工作的软件机器人、癌症治疗……综观全球，如今正在不断地涌现出一批能够打造技术革新的初创企业，其中一些企业的估值甚至高达数千亿到数万亿日元。

新兴企业聚集的地区，不仅限于美国硅谷，还出现在中国、印度、以色列、英国、德国、新加坡、日本等，如今正逐渐扩展到全球。

那么，什么样的企业能够崛起，并在 10 年后取代 GAFA 呢？本书将揭开这些候选者们的神秘面纱。

《日经商务周刊》编辑部
2019 年 6 月

C 目录
ATALOGUE

第 1 章

下一个新开拓地在这里 //001

001 想要成为新兴国家的亚马逊 //001

第 2 章

打破商业常识 //007

002 改变低效办公的平台 //007

003 为骤增的手机应用程序研发提供支持服务 //010

004 拥有超过 800 万用户的职场即时通信软件 //012

005 闯入 70 万亿日元的国际汇款转账市场 //014

006 成为工业机器人领域的 Windows //017

007 能够夹住炸鸡块的智能机器人 //019

008 活跃于办公大楼和医院的服务机器人 //021

第 3 章

改变生活 //023

009 通过智能家电再现美味佳肴 //023

010 能够延长蔬菜水果保质期的神奇粉末 //026

011 解决蛋白质危机的苍蝇 //028

012 解决东南亚"最后一公里"的物流巨头 //030

013 利用手机应用程序解决农户的烦恼　//033

第 4 章

线上线下的融合　//035

014 融合线上线下的生鲜超市　//035

015 通过展厅现象收集的数据盈利　//038

016 建立在线诊断的行业标准　//040

017 能够读出文字的视觉辅助设备　//042

018 以癌症筛查无遗漏为目标的人工智能公司　//044

第 5 章

商业·沟通　//047

019 白领的工作由机器人代替　//047

020 猎头型求职中介服务刮起的旋风　//049

021 为 3100 万开发人员提供平台　//051

022 全球专利商标数据库　//053

023 共享名片信息，提高销售效率　//055

024 全球最大在线教育平台　//057

025 三维 CG 开发工具创造虚拟世界　//059

第 6 章

娱乐·住宿服务　//061

026 席卷全球的短视频共享应用程序——抖音　//061

027 《宝可梦 GO》之后是《哈利·波特》　//063

028 来自东南亚的电子书平台　//065

029 将喜欢的图片分享到网上　//066

030 民宿改变旅行常识　//068

031 颠覆传统印象的经济型酒店 //071

032 进入日本市场的中国民宿巨头 //073

第 7 章

金融科技 //075

033 通过给个人信用评分，取得飞速发展 //075

034 股票应用程序和金融信息的大数据分析 //077

035 创造云时代的计算生态系统 //079

036 不设分行的数字银行 //081

037 移动支付领域先行者 //083

038 在街边小摊也可使用的印度移动支付 //085

039 超低换汇手续费，打破行业价格 //087

040 支持在线支付的幕后英雄 //089

第 8 章

机器人·物联网 //091

041 利用人工智能分析工业机械数据，提高工业效率 //091

042 令阿迪达斯叹服的超高速 3D 打印机 //093

043 小型无人机领域的中国王者 //095

044 身处虚拟世界也有触觉 //097

045 通过体温进行发电的智能手表 //099

046 支持可穿戴设备的基础技术 //101

047 吸引丰田的人工智能领域"小巨人" //103

048 像人类一样思考学习的机器人 //105

第 9 章

共享出行 //107

049 进军日本的中国网约车巨头 //107

050 一天 320 日元的印度共享车辆服务　//109

051 按摩师和修理工也能上门服务　//111

052 网约车、共享单车与支付服务　//113

053 对优步紧追不舍的竞争者　//116

054 提供三轮摩托约车服务的平民共享出行　//118

055 致力于开发飞行汽车的网约车王者　//120

第 10 章

移动出行　//125

056 诞生于京都大学的电动车"幕后英雄"　//125

057 来自中国的电动跑车　//127

058 互联汽车的数据交易平台　//130

059 电动飞行汽车　//132

060 让特斯拉警惕的中国新兴制造商　//134

第 11 章

物流　//137

061 需要时才使用的按需仓储　//137

062 提供海陆空最佳物流方案　//139

063 在全球急速扩张的物流仓库大鳄　//141

第 12 章

健康管理　//143

064 通过阿尔法粒子破坏癌细胞的 DNA　//143

065 将贫困人群从失明中解救出来的印度眼科医院　//145

066 谷歌系抗衰老研究初创公司　//147

067 私人人工智能助力预防医疗　//149

068 利用医学影像人工智能分析，大幅降低癌症误诊率　//151

069 利用人工智能在家进行尿检，预防肾脏疾病　//153

070 来自患者体内的癌症治疗"药物"　//155

第 13 章

流通·外卖·食品　//157

071 欧洲第一食品外卖　//157

072 中国外卖服务业寡头　//159

073 食品代购服务　//161

074 满足 14 亿胃口的大平台　//163

075 触底重生的印度虚拟商城　//165

076 食品行业的英特尔　//167

077 减少食物浪费的手机应用程序　//169

078 利用 IT 实现可持续水产养殖　//171

第 14 章

计算机·人工智能　//173

079 量子计算机颠覆常识　//173

080 摘掉神秘面纱的 MR 创新者　//175

081 基于图像的相机定位　//177

082 CIA 也依赖的大数据分析巨人　//178

083 量子计算机软件新锐　//180

第 15 章

太空开发　//183

084 通过巨型火箭实现登月目标的贝索斯　//183

085 建立卫星天线的共享平台　//185

086 支持太空商务的公司 //187

087 埃隆·马斯克的太空革命 //189

第 16 章

数据分析·能源·材料 //193

088 通过数据分析，提高现场作业能力 //193

089 储存电力，有效利用能源 //195

090 通过人工智能与大数据削减成本 //197

091 由人工智能来挑选用户感兴趣的新闻 //199

092 用能源消耗小的新材料代替塑料 //201

093 根据宝贵的数据进行客户分析 //203

结束语 //205

第1章	**下一个新开拓地在这里**
001	BE FORWARD 二手车出口 日本 企业估值：不详 **想要成为新兴国家的亚马逊**

2018 年 12 月中旬，在蒙古国首都乌兰巴托近郊的货物集散中心，温度计显示为零下 20 摄氏度。在这个呼出的气息瞬间就被冻住的极寒季节，一群蒙古人正表情淡定地从集装箱里往外卸货。

货物从日本神奈川县的川崎港经海路到达中国天津，然后再通过铁路运输，经过 3500 公里、整整 20 天的长途跋涉来到这里。我们看到，从集装箱中卸下的是来自日本的二手车。在二手车进口现场，这样的情形并不罕见。然而，当工作人员打开汽车后备厢时，你会看见一个个纸箱，每个纸箱上面都印有"花王纸尿裤"的标识。这难道是车主落下的东西？还真不是。

这是 BE FORWARD 公司（总部位于日本东京都调布市）装入的货物，该公司正运营着一家面向海外消费者的二手车网站。BE FORWARD 正在把有效利用出口汽车的内部空间作为秘密武器，试图迈出成为跨境电商的第一步。

"我们要成为新兴国家的亚马逊。"董事长山川博功郑重地说道。在我们看来，这似乎是口出狂言。但是想想，十几年前又有多少人能够预测到谷歌、亚马逊、脸书和苹果这 4 家企业能够成为 IT 巨头呢？

在后发的新兴国家提高存在感

BE FORWARD 的优势在于它出现在后发的新兴国家中。该公司于 2004 年成立，截至 2018 年 6 月，销售额达到 570 亿日元。规模虽然小于亚马逊，但在后发新兴国家中的地位绝对超越了亚马逊。

其销售网络不限于集装箱货船可以靠近的港湾附近，只要点击鼠标，高品质的日本车就可以送到客户所在的城市。为了实现这样的服务，该公司一直在寻找可以合作的当地企业。比如，在蒙古国这样的内陆国家，可以利用铁路运输；在路况不好、无法使用物流运输车的非洲国家，则安排司机给客户送车。现在该公司在全世界的合作伙伴有 45 家，销售对象更是遍布 153 个国家和地区。

能够和如此多的当地企业建立合作关系，得益于 BE FORWARD 的傲人销售业绩。2017 年，该公司出口二手车 150436 辆，仅在蒙古国一个月就销售了 1500 辆，而在非洲的坦桑尼亚也有月销 1000 辆的优秀业绩。

能够将货物运送到 153 个国家和地区。在蒙古国首都乌兰巴托的货物集散中心，从集装箱里卸下的是日本的二手汽车

合作的大部分当地企业，都是因为要接受 BE FORWARD 订货而谈成的。"最近也有主动提出合作的企业。"山川董事长说。甚至还有一些非洲的企业未提前预约就直接到位于日本东京都调布市的 BE FORWARD 公司总部来谈合作。

运送的曾经是空气

BE FORWARD 的发展历程并不平坦。在成立之初，它几乎没有任何知名度，2007 年出口汽车的数量仅为 670 辆。然而，智能手机的爆发式增长有力地推动了公司的成长。BE FORWARD 的营销人员通过口碑提高品牌知名度，不仅在出口汽车上粘贴公司的标识，还为客户赠送特制的 T 恤衫。

BE FORWARD 注重提高服务质量。为了能够实时回复当地客户的问询，公司总部的外国员工超过 60 人，能用 35 种语言提供服务。

那日用品能不能跟车一起送到呢？

在 2015 年前后，有不少客户提出了这样的诉求。汽车的座椅上、后备厢里，不是有可以利用的许多空间吗？"货物虽然增多了，但也只是在曾经运送空气的地方装上货物而已，运费几乎为零。"山川董事长说。

比如，从日本向非洲乌干达寄送 24 寸液晶显示屏，使用美国 UPS 快递或者联邦快递等国际物流大公司的航空运费是 365—712 美元，但如果放入二手车内寄送至目的地，船运费用仅需 20 美元。

许多新兴国家的国内产业不发达，人们要想过上物质丰富的生活，就得从国外进口商品，比如汽车、电器和生活用品等。因此，在蒙古国，花王产的高品质日本纸尿裤倍受追捧。然而，如果通过一般途径进口，高昂的运费甚至会高于商品本身的价格。正是 BE FORWARD 的物流让客户用较低的价格买到优质的商品，客观上也为提高当地的生活水平做出了一定贡献。

当然，也有客户愿意选择航运，而非船运。美国 UPS 快递或联邦快递等国际物流大公司虽然有运费一览系统，但由于积累的与新兴国家相关的数据较少，即便能确定基本运费，有时也会出现较大幅度的变动，或是因为海关手续而产生额外的费用。

如今，BE FORWARD 利用过去积累起来的数据，可以迅速告知客户预估运费，并且承诺如果出现实际运费高于预估运费的话，公司将负担超出部分。这一切，都是为了能让生活在遥远国家的客人放心购物，并为他们打造一个安心的购物环境。

一直以来，BE FORWARD 出口的都是右舵的日本车，为了把使用更广泛的左舵车也纳入商品目录中，该公司开始涉足韩国、荷兰等国的二手车出口交易市场。2019 年 3 月，BE FORWARD 正式向美国进出口二手车。过去，BE FORWARD 供应的商品是"从日本到世界"，如今已变成了"从世界到世界"。

"我们希望和亚马逊曾经是一家书店一样，今后人们在谈论我们的时候会说：'它曾经是一家汽车经销商。'"山川董事长说道。

过去 10 年，GAFA 改变了世界。正如本书一开头便提到，谷歌整合全球信息，将互联网时代商业领域最重要的搜索功能做到极致。那么，10 年后能成为下一个 GAFA 的会是什么样的企业呢？要准确预测未来很难，但要成为"下一个 GAFA"，有几个条件一定是必备的。

成为下一个 GAFA 的条件

首先，要找到 GAFA 等 IT 巨头尚未涉足的可开拓新领域。挑战者们缺乏经营资源，要想在巨头们占有绝对优势的领域发起正面进攻绝不是良策。

其次，如果想避开数字技术和 IT 也是行不通的。但是，如果仅提供网络服务，那么很快就会被拥有大资本的 IT 巨头追上。关键是要在现实世界中强化优势，以免被他人立刻追上。我们对 BE FORWARD 充满期待，正是因为该公司将新兴国家作为可开拓的新领地，将专属物流和网络销售组合起来，提供新服务。

《日经商务周刊》杂志在世界各地对有可能改变世界的新兴创业公司进行了采访，本书的第 2—5 章是本书最浓墨重彩的部分，将详细介绍打破传统商业模式、给人们的生活带来巨变的公司。

第2章 打破商业常识

002

WeWork
共享办公
美国
企业估值：450 亿美元
改变低效办公的平台

在搜索、社交网络、线上购物等 B2C（商家对客户）服务领域中，GAFA 已毫无疑问地成为最终获胜者。4 家公司不仅在各自擅长的领域有着绝对优势，同时还在不断试图涉足对方的领域。

但是，当我们把目光投向 B2B（企业对企业）服务领域时，便会发现仍然有不少未被开垦的"处女地"。比如，虽然美国微软是一家强大的企业，却仍有源源不断的创业者闯入。

创业者一定会关注办公场所。随着搜索引擎以及社交网站的发展，白领的工作方式发生了很大变化。然而，办公环境却几乎没有任何改变。尝试从"数字化"和"人情味"两方面改变办公环境的，正是来自美国的 WeWork。这是一家仍在不断扩大规模，并专注于共享办公领域的大型公司。

如今，经济变化之迅速使我们连预测 3 年后的商业环境都很难，要连续 10 年、20 年长期租用办公场所其实存在很大的风险。基于以上原因，WeWork 允许客户根据实际情况灵活增减办公空间，其经营理念类似于亚马逊云计算服务（AWS）。

WeWork 的办公场所。该公司致力于提供方便人们沟通交流，能专注工作的办公空间（照片提供：WeWork）

截至 2018 年 9 月底，全世界共有 24 个国家的 32 万人在 WeWork 提供的联合办公空间工作，比前一年翻了一倍。2013 年，WeWork 起家时只有 9 个办公场所，2019 年底已超过 1000 个。最初，它们的客户主要以创业人员和个体经营者为主，但后来连 IBM 这样的传统企业也开始成为其客户。2017 年，员工数超千人的大型企业只有 7000 家，而到了 2019 年，这类用户已达到 8.5 万家。

能够灵活增减空间

WeWork 受欢迎的理由不仅在于能够灵活增减办公空间，其真正的优势还在于能为同一企业的员工以及不同企业的员工提供交流社区，从而加深身处同一办公空间的人们的交流，提高生产效率。

WeWork 派往联合办公空间的常驻经理，其工作不仅限于更换灯管等后勤工作，主要是策划有利于加强客户间沟通交流的活动，例如早餐会、读书会、瑜伽练习班等。"我们每周都会举行 5—10 场活动。"WeWork 美国纽约办公室常驻社区经理德斯·尼尔斯如是说。

在最新建成的办公空间里，吧台处甚至配有咖啡师，再加上休息区的沙发和餐桌，这里的气氛宛如咖啡厅。另外，公司还定制了有着家庭式餐厅风格的包间以及利用玻璃隔断形成的独立办公空间。这里的用户可以根据心情选择想要办公的地方：想集中精力工作，就去安静的地方；想和他人交谈，则可以选择开放空间。

通过数据分析提高利用率

该公司还积极利用最新技术对办公场所进行改良。其中一项便是在沙发和椅子上安装传感器，从而在第一时间测算出利用率。随后，专业的数据分析师会根据会议室使用情况等各类数据进行分析，每天调整会议室的大小或者数量。

WeWork 的目的，就是要把办公室变成人们每天都渴望去的地方。他们将积累起来的经验体系化，为拥有办公大楼的企业提供咨询服务，以帮助这些企业更加有效地利用办公空间。

目前，WeWork 的企业估值为 450 亿美元。此前，坊间曾有人质疑该公司与传统的办公室租赁商别无二致，不看好该公司的未来发展前景。但是 WeWork 首席增长官（CGO）戴比德·法努却充满自信地回答："我们的优势就是不会让客户感到不安。"

所有的一切都在从拥有变为使用，租用办公室就如同使用云服务一样，可以自由解约。该公司所做的就是将以较低价格签约的办公空间分割成一个个小空间，再以较高的价格租赁给其 30 万用户。这样的商业模式是可行的。今天，全世界拥有着巨大的办公市场，但大部分都只是租赁物理空间。如果能将增进沟通交流作为目标，提升自我价值，那老旧的大楼也可能成为技术创新的发源地。

003	InVision 手机应用程序协作工具 美国 企业估值：19 亿美元 **为骤增的手机应用程序研发提供支持服务**

相较于 WeWork 致力于为身处同一办公空间的人们提供沟通交流的环境，InVision 正在尝试的，则是要替代效率低下的电子邮件。

InVision 的核心产品是一款协作工具，它能够帮助人们高效地设计软件以及网页。开发人员一旦发现需要修改的地方，便可以在浏览器画面上的任意位置写下评论，随即便能展开相关讨论。全球有 450 万人在使用这款工具，《财富》杂志排名前 100 的企业当中更是有八成都在使用。

现代的沟通方式变得越来越复杂，传统方式已经无法满足人们的需要。特别是在软件开发过程中，从项目服务发起人到程序员、设计师，会有许多人参与其中。再加上新服务的投入周期缩短，通过电子邮件进行沟

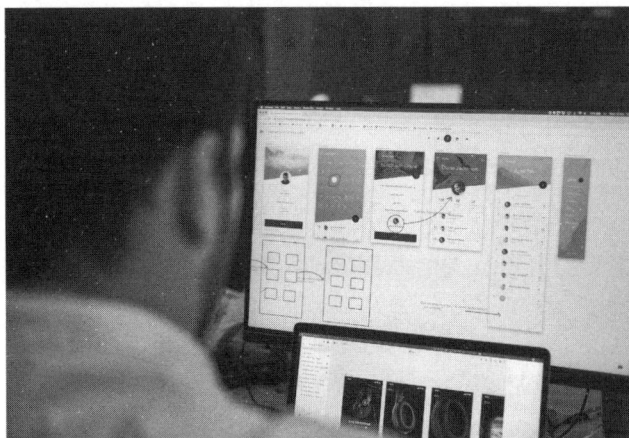

InVision 的操作界面。该公司实现了完全远程工作，身处世界各地的员工都可以利用自己的工具不断改进产品（照片提供：永川智子）

通的方式效率低下，已经无法满足人们的需求。因此，人们亟需能够高效
沟通的协作工具。InVision 公司正是在这种背景下应运而生。

利用 InVision 公司的这款协作工具，所有相关人员都可以在开发过程
中共享最新的数据和留言，并高效地制作软件。比如，如果想修改画面中
的某个部位，只需点击待修改部位并附上留言。而在过去，要发出修改指
令是件相当麻烦的事情，必须用文字进行详细说明。例如：请把位于主图
上方的大标题，与下面小标题之间的文字距离增大一些。

另外，只要发送网址，就可以用手机查看实际效果。如此一来，就能轻
松地了解到适合手机的最佳设计，这是使用电脑设计时不易发现的。此外，
这款协作工具还配有语音聊天功能，相关人员可以一边修改一边讨论方案。

大幅缩短软件设计的检测时间

大幅缩短检测并修改软件设计的时间，也使这款协作工具备受好评。

在智能手机不断普及的时代，InVision 为骤增的手机应用程序研发需
求提供支持，使用户对其的认可度不断上升。

当然，GAFA 也试图在社交网络领域打开 B2B 市场。如果能够甩开
巨头们的追击，也许像 InVision 这样的新生公司在 10 年后能成为新的
GAFA。

004

Slack Technologies
职场即时通信软件
美国
企业估值：170 亿美元
拥有超过 800 万用户的职场即时通信软件

前不久，职场即时通信软件"Slack"在软件行业刮起一股旋风。该软件的特点是：只需要输入文字，全体成员便可以共享信息。它不仅可以进行一对一沟通，还可以组内群聊，在电脑终端或移动终端都可使用。

该软件最受欢迎之处莫过于可以将工作中的信息快速分享给同事，并获得反馈。自 2014 年提供服务以来，其用户数量已超 800 万人。与电子邮件不同，使用该软件不用输入收件人地址，也不会漏掉重要的消息。对方回复的消息再多，也不会出现诸多含义不明的"Re"，令人一头雾水。

研发这款软件的是美国 Slack Technologies 公司，公司估值为 170 亿美元。

2009 年，斯特怀特·巴特菲尔德创立了这家公司并担任首席执行官。他强调："为了应对快速变化的市场和消费者，企业和各部门必需迅速反应并进行改革。"

钢铁侠的战甲

通过电子邮件进行沟通很花时间，不适用于快速推进工作。"就像电影《钢铁侠》中的主角钢铁侠需要战甲那样，知识型员工也需要能提高工作效率的工具，从而提高整个部门的效率。我们的这款软件正好可以满足大家的需求。"斯特怀特·巴特菲尔德说。

"利用人工智能进一步完善即时通信软件。"斯特怀特·巴特菲尔德如是说（照片提供：稻垣纯也）

全球企业每年在企业资源计划系统（ERP）方面投入的费用高达 300 亿美元，客户关系管理系统（CRM）的市场规模也有 250 亿美元。像 Slack 这款即时通信软件的市场规模目前约为 10 亿美元，今后这一市场应该能成长为 100 亿美元的规模。

就在 Slack 受到关注的同时，软件行业的巨头微软也推出了可在 Office 365 中免费使用的团队协同竞品软件 Teams。

不过，斯特怀特·巴特菲尔德很乐观，表示："微软的行为不但没有对我们造成威胁，反倒能为我们的发展提供帮助，这恰恰证明我们选择的市场是正确的，有价值的。目前，在我们的客户中，不但有美国的 IBM 和甲骨文，还有德国的 SAP，此外还有众多的 IT 行业合作伙伴。"

今后，企业内部交换信息最主要的工具仍然是文本。Slack 目前在研发的技术正是利用人工智能和机器学习轻松共享过往的交流信息。如果技术再成熟些，今后的应用软件也许可以自动挑选出排序靠前的信息，然后对信息进行归纳。当记者问到"10 年后会成为谷歌那样的公司吗"这一问题时，斯特怀特·巴特菲尔德回答："我们两家公司研发的技术和方向都不同，所以我们恐怕无法取代他们。不过，要是问我能否获得和他们一样的成功的话，那答案是肯定的。"

005	TransferWise 国际转账 英国 企业估值：40亿美元 **闯入 70 万亿日元的国际汇款转账市场**

最近，在英国伦敦，有人试图在年均 70 万亿日元规模的国际汇款转账市场掀起一场颠覆性革命。颠覆者是出生于爱沙尼亚的塔贝特·亨利克斯和克里斯特·卡曼，两人曾参与过免费通话软件 Skype 的研发。2011 年，两人在英国创立了 TransferWise 公司，专门经营国际汇款转账业务。

此前，Skype 降低了国际长途电话的价格，几乎瓦解了通信公司的商业模式，让人们意识到 IT 业会对传统的利益结构产生很大影响。同样，TransferWise 也会给金融界带来不小的冲击。

往故乡转账的高昂手续费点亮商机

创办公司的契机是因为跨国转账的手续费高昂。由于资金转账要经过多家银行，不仅花时间，成本也不透明。比如，通过日本的银行向国外转账，每次收取的手续费均需几千日元。两个爱沙尼亚人就在这几千日元里看到了商机。

假设有人想通过日本的账户向英国转账，同时也有人想从英国的账户向日本转账，该公司便可以利用独立的系统将这两个需求结合起来，最终将其变为"从日本到日本"和"从英国到英国"的国内转账。这样一来，相比大银行的国际转账手续费，客户只需要支付 1/8 的费用即可。如此低

TransferWise 首席执行官，出生于爱沙尼亚的克里斯特·卡曼。据悉，他的目标是把公司做成 Skype 那样的企业（照片提供：永川智子）

廉的价格一下子吸引了不少客户，目前该公司已拥有遍布 71 个国家和地区的 400 万个客户，每月转账金额高达 30 亿英镑。7 年间，TransferWise 不断扩张，在全球 11 个国家和地区建立分公司，拥有员工 1400 名，企业总估值为 40 亿美元。

最近，首席执行官卡曼带领公司再次实现成长跃迁。2018 年，TransferWise 宣布不再从已有的账户中提取转账用资金，而转为由公司来提供转账服务。这一举措，对那些开设新账户需要花费较多时间的移民和留学生来说更加便利。这也使得首席执行官卡曼距离使公司成为国际汇款转账市场平台的梦想更近了一步。

仅靠 App 也可以成为正规银行

TransferWise 是一家通过科技力量打破行业秩序的新兴势力代表。英国政府为了守住其世界金融中心的地位，为其通过科技改变金融的技术提供了坚强后盾，甚至不惜为无甚业绩的手机 App 新兴创业公司发放银行经营牌照。

英国数字银行 Monzo 便是其一。该公司没有实体银行，仅通过手机应用程序开展业务。2017 年，该公司获得英国金融服务监督局的认可，正式成为一家银行，目前拥有 130 万客户，企业估值达到 13 亿美元。

数字化催生新服务，甚至会改变规则。虚拟货币便是其中一种前沿产业。中国的比特大陆是一家为比特币提供技术服务的公司，其市场份额占全世界的 70%。因为投资者对虚拟货币的成长空间充满了期待，所以他们为该公司以及大大小小的交易公司投入大量资金。2018 年，虚拟货币的泡沫一度破灭，比特币价格暴跌，在那之后又缓慢回升。

在手机二维码支付领域，支付宝和微信支付一路领先。不过，在人们一向习惯于现金支付的日本，LINE 和总部位于东京港区的 Origami 公司还在努力拓展手机支付业务。

因数字化引起的资金流动性不断加强，只有抓住这个机遇的企业才能成为 10 年后的大赢家。在这个世界上，像 TransferWise 这样的新兴势力肯定会不断出现，并且他们也将随时打破行业的常识。

006

MUJIN
机器人控制软件
日本
企业估值：不详
成为工业机器人领域的 Windows

在全世界的制造业和物流业中到处都能见到工业机器人的身影。过去，机器人产业曾经是日本最擅长的领域，可随着人工智能产品的不断更新换代，机器人产业的竞争机制发生了巨大变化。

如今，机械手臂等硬件技术越来越成熟，各个制造商之间的产品性能差异也越来越小，软件的发展更是日新月异。通过驱动成像分析技术，机器人的生产效率取得了质的飞跃。"今后，谁能控制软件市场，谁就能控制机器人产业。"MUJIN 的首席执行官兼联合创始人泷野一征如此断言道。

2011 年，MUJIN 在日本东京墨田区成立，专门研发计算机控制软件。该公司通过自主研发的高速演算处理技术，可以控制不同公司生产的机械臂。对此，首席执行官泷野自豪地说："我们是世界上唯一一家做到让物流中心实现无人化分拣的公司。"

在使用工业机器人作业时，工作人员要提前把每一个动作准确地教给机器人，这一环节被称为"示教"。在物流中心，有时需要在短时间内对上万种不同的商品进行分拣，这一操作对机器人来说几乎是不可能完成的。

但如果使用 MUJIN 研发的软件，就可省去示教环节。通过摄像头看到物体后，人工智能可以在瞬间作出正确抓取物体的判断，继而对机械臂发出指令。

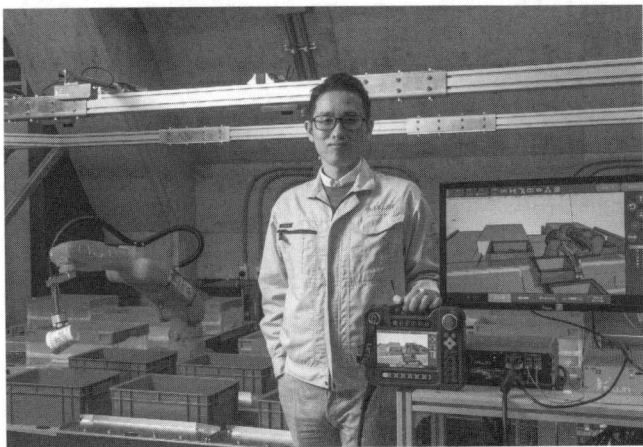

利用 MUJIN 的技术，物流中心的工业机器人可以对各种随机运送的商品进行分拣。图为 MUJIN 的首席执行官泷野一征（照片提供：尾关裕士）

中国电商巨头也使用 MUJIN 的软件

2018 年春季，中国电商巨头京东集团启动无人仓储，这一举动引起了行业震动。京东能够实现无人仓储，MUJIN 功不可没。

在此之前，日本的电商巨头 ASKUL 于 2016 年就将 MUJIN 研发的软件引入物流中心。同样，在 2018 年，日用品批发巨头 PALTAC 也成为该公司的用户。在 PALTAC 的物流中心，即便是机器人行业的巨头 FANUC（发那科）产的机器人也是通过 MUJIN 软件来控制的。一向主张自主研发、在控制软件领域投入很大精力的 FANUC 也开始接受与 MUJIN 的技术合作。安川电机、日本电装等大型企业也都在使用 MUJIN 的软件。难怪泷野一征兴奋地说："我们占有世界上七成的客户市场。"

此前，有很多从事电机制造的日本企业，由于抵挡不住商品化的浪潮，不得不选择退出这个领域。但是，控制操作系统市场的美国微软至今仍是行业巨头，这不能不给人以启示。今后的机器人领域也必将是这样，只有掌握操作系统的公司，才能控制整个市场。这是泷野的看法。

<table>
<tr><td rowspan="2">007</td><td>OSARO
机器人控制软件
美国
企业估值：不详</td></tr>
<tr><td>能够夹住炸鸡块的智能机器人</td></tr>
</table>

MUJIN 有一个劲敌，那就是美国 OSARO 公司。该公司同样以研发工业机器人控制软件著称，其产品的特点是能够利用深度学习强化人工智能算法。这一算法可以通过反复学习在短时间内快速提高技能。英国的 DeepMind 公司研发的世界上最强的人工智能围棋机器人"阿尔法狗"亦采用了这一技术。

使用 OSARO 公司的控制系统，机器人可以一个一个地取出托盘中堆得满满的、形状各异的炸鸡块，然后放入传送带上不停经过的饭盒内，而且放的位置是指定的。这样的操作对于人类来说也许很简单，但对于机器人来说却是十分困难。

让机器人自己发现抓取物品的方法

一般情况下，企业会事先输入抓取物的形状等数据，机器人通过摄像头比照后才能确定抓取的对象。但是，OSARO 公司却是让机器在反复练习的过程中加深对形状特征的理解，从而自己找到抓取物体的方法。

机器人要通过经验去判断被抓物体是坚硬还是柔软。在不断地试错过程中，机器人逐渐掌握了综合考虑物体软硬程度和形状后再抓取物体的要领。"一开始并不顺利，但是情况慢慢地变得越来越好。"首席执行官德

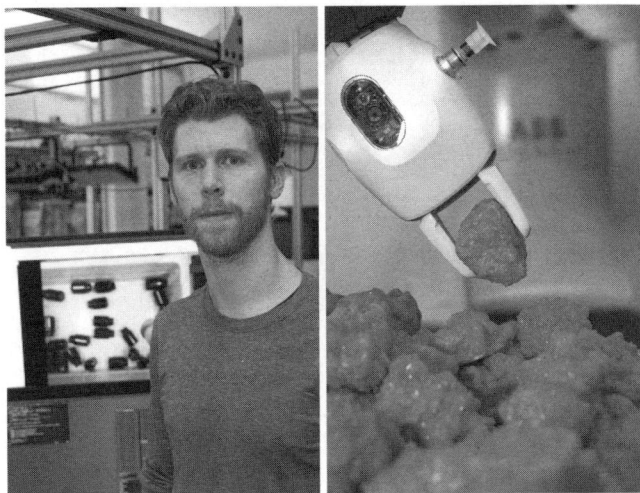

左图：OSARO 公司首席执行官德瑞克·普利德莫尔

右图：OSARO 公司的控制系统，可以让机器人抓取形状各异的炸鸡块（照片提供：Tex Allen）

瑞克·普利德莫尔这样说道。

前文谈到的日本的 MUJIN 和美国的 OSARO，都致力于研发可以随意控制机器人的"大脑"。企业估值超过 2000 亿日元（约 18.8 亿美元）、日本唯一的独角兽公司——人工智能公司 Prefered Networks（位于日本东京千代田区）已经携手机器人巨头 FANUC，对控制软件市场虎视眈眈。在日趋激烈的竞争中，OSARO 的控制技术到底能走多远，让我们拭目以待吧。

	Savioke
008	服务机器人 美国 企业估值：450 亿美元 **活跃于办公大楼和医院的服务机器人**

2019 年 1 月，日本的森信托株式会社开始为位于日本东京都港区的一座 37 层办公大楼提供商品配送服务。在这里，配送员不是人类，而是体内装有热咖啡的圆筒形机器人。它乘坐电梯从 1 楼的咖啡厅出发，为各个楼层的顾客提供服务。

这款机器人名叫"Relay"，是由美国硅谷的 Savioke 公司研发制造的。咖啡厅工作人员只需打开机器人顶部的盖子，将商品放入后再输入顾客的楼层和位置编号，Relay 便可乘坐电梯将商品送到每位顾客的所在楼层，最短配送时间是 5 分钟。而且，Relay 一到达顾客所在楼层，顾客的智能手机就会同时收到一条通知短信。

除了办公大楼，Savioke 公司的服务机器人还活跃在其他领域。

医疗机构便是其中之一。Relay 要在一年 365 天、每天 24 小时运转的医院里配送药品和医疗器械。它不仅可以移动，还会乘坐电梯，将物品顺利送达目的地。即便是病患和医护人员混杂的走廊，它也能安全通过。此外，Relay 还可以追踪配送的药品种类，并实时反馈配送状况及配送记录。

高端连锁酒店也计划采购服务机器人

美国高端连锁酒店索迪斯和希尔顿也计划采购 Savioke 公司的机器人。在客人提出客房服务后，机器人便可乘坐电梯将食物和饮品送到客人房间，甚至还可以给客人送去毛巾、牙膏等卫生洁具。这将大大降低公司劳务费的项目支出。

Savioke 公司于 2013 年创立，首席执行官斯蒂夫·卡森斯（Steve Consins）是一名计算机科学博士。他毕业于斯坦福大学研究生院，并曾在美国 IBM 研究所任职。

看到公司的发展前景，日本企业竞相投资

Savioke 公司的业务始于酒店行业。该公司在不断吸取经验教训的基础上，逐步提高了服务的便捷性和安全性。由于受到客户认可与好评，他们开始在办公大楼和医疗机构推广业务。Savioke 公司同时关注日本市场，他们已在位于东京品川的王子饭店开展业务。在获得 NEC 公司和森信托株式会社的融资后，除了酒店和办公大楼，该公司还向医疗、零售、制造等行业提供服务机器人。相信科幻电影里经常看到的协作机器人即将来到我们每个人的身边。

在工作人员放入物品后，机器人便可根据设定好的程序到达顾客所在楼层。届时，顾客的智能手机将收到短信通知

第3章	**改变生活**
009	Innit 厨房家电平台 美国 企业估值：不详 **通过智能家电再现美味佳肴**

　　数字技术已经渗透到我们生活中的方方面面，无论是打车还是预订酒店，各种服务都可以用智能手机进行操作。然而，数字技术似乎从未涉足做饭这件事，特别是在厨房，数字技术很少受到关注。今天，从菜刀、案板，到灶具、烤箱，几乎没有发生什么大的变化。

　　不过，有一家公司正试图从根本上改变厨房的固有模式。这家公司是来自美国的 Innit。Innit 致力于通过对智能家电的严格控制，再现一流厨师烹饪的美味佳肴。Innit 的产品能够通过智能手机对美国 GE、荷兰飞利浦、韩国三星电子等知名品牌的厨房电器进行远程操控，继而提供可口的饭菜。它甚至可以远程控制分布于全球的几百万台电器。

　　假设现在要做一人份的泰式咖喱。打开 Innit 的手机应用程序，先选鸡肉或者三文鱼作为主菜，然后再选一些蔬菜作为配菜，最后再选择藜麦或者古斯古斯面作为主食。整个操作过程就像叠积木一样，通过应用程序可以让用户逐一挑选出自己喜欢的食材。

　　接下来，手机会显示制作顺序以及热量、营养成分等详细信息。点击"开始"键，手机上将会播放职业厨师的烹饪视频。用户只要按照视频指示的那样把食材放入烤箱，过一会儿便可食用。目前，用户可以选择的菜单已超过 1 万种。

董事长尤基尼奥·米毕尔（左）和首席执行官凯文·布朗（右）（照片提供：Tex Allen）

利用智能手机可以做出厨师级别的美味（照片提供：Innit）

再现职业厨师对火候的把握

Innit 公司与众不同的地方，就在于能将菜谱和实际操作结合起来。同样是鸡肉，含水量多的鸡腿肉和含水量少的鸡胸肉的做法是不同的。即便是同一部位，大小不同，其加热方式也存在差异。像职业厨师可以根据食材的差异改变火候一样，Innit 也能对火力大小进行灵活调节。

Innit 公司联手知名厨师，请他们使用不同品牌的家电，从而整理出火力大小等相关数据。这样一来，用户可以根据家电品牌和食材大小获得量身定制的菜谱。例如，手机应用程序会显示用 GE 的烤箱烤 250 克鸡胸肉的最佳温度和时间等。

"就好比有人买了法拉利，却只用一挡在跑一样，智能家电生产商销售的产品，并没有让消费者充分利用它的各项功能。"Innit 公司的联合创始人兼首席执行官凯文·布朗说道。

与美国泰森食品和瑞士雀巢等食品制造行业的大公司合作，是 Innit 公司的另一个优势。用户只要扫描外包装上的二维码，使用该商品制作的菜谱就会显示在手机的应用程序里。另外，Innit 还积极与电商合作，它的用户可以通过手机应用程序购买食材。

包括另一款应用程序 Shopwell（可根据客户的喜好对食材进行评分）在内，Innit 的会员人数已达 200 万。相比会员人数，更值得关注的是各行业巨头都在跟 Innit 合作。"它是家电制造商最关注的初创公司。"SIGMAXYZ 公司的分析专家如是说。

厨房家电行业在全球拥有 2500 亿美元规模的巨大市场，加上与食品相关的各种商品，总规模可达 8 万亿美元。Innit 如果能继续为厨房电器提供平台服务的话，相信它将拥有无限的发展潜力。

010	Apeel Sciences 果蔬保鲜涂层剂 美国 企业估值：1.5 亿美元 **能够延长蔬菜水果保质期的神奇粉末**

食品，是另一个值得关注的市场。最值得关注的就是与减少食品浪费和提高食品生产效率有关的技术研发。美国 Apeel Sciences 公司是一家技术研发公司，他们的产品是一款可以延长蔬菜水果保质期的涂层剂。

植物变质的最重要原因是由于采摘后的干燥问题。从冷库中取出后，一摆到超市的货架上，植物就处于干燥环境中。这种环境将导致蔬菜和水果的保质期大大缩短。Apeel Sciences 公司的首席执行官詹姆斯·罗杰斯指出："蔬菜水果在运输途中会坏掉 3%，在超市又会坏掉 12%，在消费者家中又会坏掉 25%。"

使浪费的食品数量减半

Apeel Sciences 公司解决了食物变质的问题，因为他们发现并将酿造葡萄酒后剩下的葡萄渣制成了特殊的涂层。只需将这款产品喷洒在新鲜采摘的蔬菜或水果上，保质期至少就可以延长两倍。利用源自植物的保护层，可以使农产品保持内部的湿度，延缓水分流失及氧化的过程。该产品符合美国食品药品监督管理局（FDA）的规定，涂层本身亦可安全食用。

使全世界的食品浪费减少一半

　　最近，美国开市客和克罗格等大型零售企业已经将该产品用于水果保鲜上。超市为了让芦笋等蔬菜长久保持颜色和口味，有时也会使用这款产品。

　　使用涂层剂后，商品在店面陈列的时间长于过去，因此也使商品的销售额均大幅超过以往，实现超过两位数的增长。据 2018 年的统计数据，全世界的食品浪费折合成美元高达 9400 亿美元。"希望我们公司的技术可以让全球的食品浪费减少一半。"首席执行官罗杰斯如是说。

54 天

未使用

已使用

左图：Apeel Sciences 公司的首席执行官詹姆斯·罗杰斯
右图：不使用与使用 Apeel Sciences 公司产品，商品的鲜度
差异很大（照片提供：PJ Heller）

	MUSCA
011	利用昆虫技术的生物处理设备 日本 企业估值：不详 **解决蛋白质危机的苍蝇**

到 2050 年，地球上的人口预计将超过 90 亿。而在那之前，人类就将面临蛋白质危机。人们担心，随着新兴国家收入的提高，肉类和鱼类的消费量将急剧增加，而作为饲料的鱼粉和谷物类则将严重不足。

这场蛋白质危机的救世主，也许就是 MUSCA 公司（位于日本福冈市）。这是一家新兴生物科技公司。

准确来说，救世主其实是苍蝇。MUSCA 公司将改良后的苍蝇卵撒入牛、猪、鸡等牲畜排出的粪便中，8 小时后蝇卵便可孵化，孵化出的幼虫随后便开始分解粪便。6 天之后，这些粪便就成了堆肥。这时，幼虫会从堆肥中爬出，只要将这些幼虫收集起来晾干再磨成粉，便可制成一种高营养的饲料，从而取代鱼饲料。

在日本国内，每年大约会产生 8000 万吨牲畜粪便。为了处理这些粪便，农场主很伤脑筋。MUSCA 公司专门帮助这些农场主处理牲畜粪便，收取一定费用，同时将制造的饲料和堆肥在市场上出售以获得经济收益。"这是一举两得的商业模式。"MUSCA 公司的串间充崇董事长这样说道。

2019 年秋，该公司启动建设日均处理 100 吨粪便的设备，建设费用约为 10 亿日元，在没有政府资金资助的情况下大约需要 6—10 年收回成本。串间董事长大致估算了一下："像这样的设备，我们可以在全世界 20 万个地方安装。"

MUSCA 公司董事长串间充崇

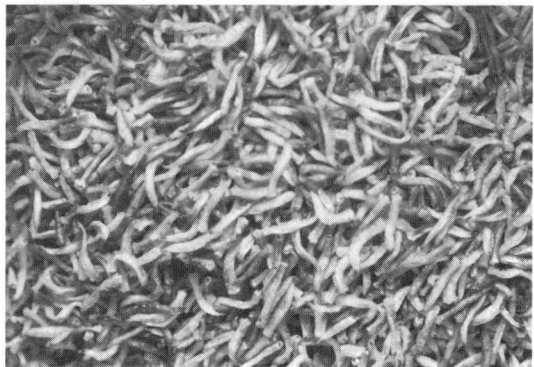

苍蝇的幼虫会分解性畜粪便并产生堆肥。同时，幼虫又是家畜和鱼类的优质饲料

将苏联的研发成果进行改良

MUSCA 公司的苍蝇，原本是苏联为了让宇宙空间站能够保证粮食自给自足而培育的改良品种，其特点是这一品种在短时间内能够繁殖成长。苏联解体后，俄罗斯国立研究所把这项专利卖给了日本企业。串间董事长又从那家日本企业处继承了这项专利，继续进行品种改良。"这项技术已经完全成熟，我们完全可以有效避免蛋白质危机。"串间董事长信心满满地说道。

012	Ninja Van 宅急送服务 新加坡 企业估值：不详 **解决东南亚"最后一公里"的物流巨头**

众所周知，黑猫标识是日本宅急送服务的代名词。同样，在东南亚各国，红色货车和穿一身黑的忍者标识也是这一行业的象征。

总部位于新加坡的 Ninja Van 公司，是实现东南亚"最后一公里"的物流巨头。这家公司使用的红色货车上便印有忍者图案。自 2014 年公司成立以来，其业务已覆盖马来西亚、印度尼西亚等 6 个国家。该公司拥有 1.5 万辆货车，月均配送货物数量超过 1000 万件。最与众不同的是，这家公司不但可以配送货物至城市，还可以配送货物至孤岛上的各个村落。因此，Ninja Van 公司已成为东南亚最大的电商平台 LAZADA（来赞达）的配送合作伙伴。

要在东南亚实现"最后一公里"的配送服务非常不容易。以前，政府的邮政部门曾尝试解决这一问题，但是邮件在运送途中丢失、配送缓慢等情况还是时有发生。

为什么会出现这种情况呢？其中一个重要原因，就是地图信息过于陈旧。各国发行的地图信息陈旧，无法准确反映在经济快速发展形势下不断改变的路况。同时，由于各国标记地址的方法不同，搜索程序不能很好应对。而且，由于网络信号原因，谷歌地图等电子地图用起来也很不方便。

Ninja Van 公司首席
执行官赖昌文曾在金
融机构任职。为解决
物流不便的问题，创
办了这家公司

自主开发地图数据库

Ninja Van 公司之所以可以取得快速发展，得益于其抢在竞争对手之前解决了以上问题。

为了解决这些问题，公司为所有包裹贴上全球定位系统的条码，用户便可通过智能手机掌握货车移动的路线。结合两组数据进行分析，可以计算出不同包裹到达目的地前经过的路线。

另外，在公司总部新加坡，有专家团队专门针对货车司机在行车过程中了解的路况信息进行分析，并将数据用于公司自主开发的地址和地图数据库。这样的结果就是，配送货物量越多，公司制作的地图精度就越高。

通过这些技术手段，只要提示最佳配送路线，即便是不熟悉当地路况的司机也可胜任配送工作。事实上，Ninja Van 公司一半以上的司机都是临时雇用的。只要有一部智能手机，临时司机也能完成资深司机的工作。正因为如此，Ninja Van 公司才能够在短时间内完成"最后一公里"的网络建设任务。

在共享出行领域，新加坡的 Grab、印度尼西亚的 Go-Jek 等企业都拥有上百万辆汽车和专职司机，它们也开始将目光投向快递业务。2018 年12 月，Go-Jek 携手日本永旺超市，开始为居住在商家附近的消费者提供送货上门服务。

共享出行领域的企业通过运送大量货物，成为 Ninja Van 公司的竞争对手。不过，联合创始人兼首席执行官赖昌文对此似乎并不在意。他认为，虽然竞争对手运送的货物量大，但是在配送的细节方面无法与 Ninja Van 媲美。

Ninja Van 可以为用户提供寄件、包裹追踪等一站式服务。"我们也可以在业务中加入共享这一项。"赖昌文轻松地说道。他们的经营战略，就是让共享汽车企业成为该公司物流网中的一个工具。赖昌文确信，只有掌握了高质量的地图，才能在巨大的市场中称霸。

013

63IDEAS INFOLABS
农产品物流服务
印度
企业估值：不详
利用手机应用程序解决农户的烦恼

在印度，也有一个"忍者"试图解决"最后一公里"的问题。这就是位于印度班加罗尔的 63IDEAS INFOLABS 公司。该公司推出的物流服务平台称为 NINJA CART，它的目标市场是全球第三大规模的印度农产品市场。

农户通过手机应用程序便可委托 NINJA CART 完成农产品的收购和针对零售商的配送工作。具体流程为：农户先将农产品送往设置在各个村落的集散中心，在那里会有工作人员对农产品进行称重并分级；之后，农产品会被送往更大的集散中心，在那里，工作人员会根据每家零售商的需求对农产品进行分拣与配送。

NINJA CART 的优势在于其拥有能够优化供应链的软件。通过对卡车的载重、数量以及司机人数进行计算，制定出最佳路线方案。正因为农户、配送方和 NINJA CART 之间的数据共享，才形成了今天这样高效的供应链系统。

没有中间商赚差价，使农户的利益最大化

没有中间商赚差价，使农产品从收获到销售的配送时间和成本大大减少。该公司的物流平台用户数量已达到 4500 户。利用 NINJA CART 的农

户，其平均收益比之前增加了两成。利用人工智能，公司还可以做到提前通知农户最佳收获数量和收获日期。

联合创始人兼首席执行官提尔科玛兰·那嘎拉江说："有了农户的口碑，我们的事业一定能越做越大。"2018年底，公司日均交易量已达到300吨，5个月内增长了一倍，2019年预计能达到每日1000吨。除了班加罗尔，63IDEAS INFOLABS公司还在不断拓展业务覆盖区域，如在金奈、海德拉巴等主要城市向4000多家零售商提供果蔬产品等。2018年12月，63IDEAS INFOLABS公司成功融资3500万美元。紧接着，于2019年4月获得美国风投公司追加投资的1亿美元。

该公司为印度的农户解决了诸多问题，使农户对其推崇备至

第4章	线上线下的融合
014	盒马鲜生 超市 中国 企业估值：不详 **融合线上线下的生鲜超市**

大家知道，美国亚马逊在很多国家都是零售业的排头兵，而唯独在一个国家难以施展本领。这个国家就是中国。在中国，由于数字支付的普及，已出现全球最先进的商业模式代表——盒马鲜生。上海的盒马鲜生给人留下的第一印象，就是那采用最新技术的货柜。无论是水槽里的鱼类和贝类，或是新鲜的蔬菜水果，所有的商品都贴着二维码或条形码。只要用手机扫一扫，立刻就能知道商品的产地和物流信息。当然，付款也是用手机支付。在这里，顾客可以把刚买的食材交给工作人员进行加工。

将餐厅与超市结合起来的模式似乎只用了数字技术，这部分的营业额其实还不到总营业额的四成。以下才是盒马鲜生的与众不同之处。

剩下超过六成的营业收入来自配送服务。超市工作人员一边看着手里的终端机，一边像普通顾客那样把商品放入购物袋，然后把购物袋挂上超市角落里的钩子，接着，购物袋会慢慢升高，随着传送链消失在超市的后方。

盒马鲜生出售的生鲜食品品质佳。右图为其配送系统（照片提供：Imaginechina/Afro）

一个苹果也能免费送货上门

这些购物袋里装的是顾客在网上下单的商品。在超市后门，有许多配送员已经整装待发。一拿到购物袋，他们就会发动摩托车飞驰而去。只要在盒马鲜生的方圆 3 公里以内，可以保证顾客在下单后 30 分钟之内收到货物。当然，顾客也可以在店里看好商品，在回家的路上下单，这样就不用自己拿回家了。对此，家住上海的某女士说道："就算只买一个苹果，超市也会让人送到家里，而且不收配送费。虽然比附近的超市要贵一点，但是东西新鲜，所以经常会买。"

盒马鲜生的首席执行官侯毅宣称："我们保证线上线下价格一样、促销活动一样、系统也一样，这两者是完全结合起来的。"不可否认，盒马鲜生的发展离不开中国便宜的人工费，不过这种线上线下相结合的模式的确也值得其他国家学习。

盒马鲜生已经被中国阿里巴巴收入旗下。虽然盒马鲜生的业绩是非公开的，但是阿里巴巴集团 2018 年 4—5 月的利润为 215 亿元人民币，与上年同期相比减少了 36%。估计该集团在数字化和雇用配送员方面投入了不少成本。即便是这样，盒马鲜生的扩张速度也没有减缓，自第一家店开业以来不到 3 年，开设店铺便达到 110 家。看得出，阿里巴巴集团对零售业的未来充满了信心，不过，也不可小视严峻的竞争环境。

没有仓库的超市成为其劲敌

在电商领域，阿里巴巴的最大劲敌是京东。2018 年，京东以同样的概念开了第一家生鲜超市——七鲜。这家超市位于北京市的大族广场，面积约 4000 平方米。副店长李强一对我们说："我们超市没有仓库，总共有 7000 种商品，比同等面积的超市至少多摆放 1000 种商品。"没有仓库是京东的一大特点。京东有自己的物流体系，下单后通常第二天商品就能送达。再加上在电商领域积累起来的大数据分析经验，京东的库存管理十分高效。

	B8ta
015	创新科技产品体验商店 美国 企业估值：不详 **通过展厅现象收集的数据盈利**

为了将线上销售和线下销售有效结合，全球零售企业竞争激烈。一些大企业不断加大投资以购买最新设备，也有不少初创公司加入了这场角逐中，毫不示弱。

总部位于美国旧金山的 B8ta 公司，就正在利用消费者行为进行创收。这种消费者行为被称为"展厅现象"，即在实体店看好商品然后在网上购买。近些年，零售商们一直为此感到苦恼。

对此，B8ta 公司想了一个对策，即索性将实体店改造为商品展厅，所有营业收入都转给制造商，自己则从制造商那里每月收取固定费用，通过

在美国第二大家居装饰用品连锁店劳氏公司的店铺内，**B8ta** 公司设置了商品展示厅

消费者行为数据为制造商提供服务。该公司的家电商铺标准面积为 280 平方米，大约是日本一家便利店面积的两倍。店内装有 150 个摄像头，可时刻记录顾客行为。比如顾客在哪个商品前面停下并用手触摸或试用，这些数据都会被摄像头实时记录下来。店员和顾客关于商品的谈话会被转写成文字并录入数据库，以便于制造商分析顾客对商品的反应。"亚马逊 Go"是将摄像头用于无人结算，而 B8ta 公司却利用摄像头为制造商提供消费者对商品的反应及相关信息。谷歌公司为加大"Google Home"的销售力度，已与 B8ta 公司携手合作。不少新兴智能家电公司也将 B8ta 公司的体验型商店作为一种营销模式。

现今，B8ta 公司已在全美 14 个地方开设店铺，同时与美国第二大家居装饰用品连锁劳氏公司建立了合作关系。另外，该公司还开始向现有的零售商提供系统服务，帮助其有效利用展厅现象来提高效益。随着网购市场的不断扩大，采用实体店经营模式的零售商们都在苦苦挣扎，不过，随着数字技术的进步，情况又在发生变化。总的来说，企业只有不断地变革才能找到出路，迎接美好的未来。

016

TytoCare
家庭诊疗设备
以色列
企业估值：不详
建立在线诊断的行业标准

拖着病体去医院看病，却要排长队才能进诊室。在这个追求效率的世界，唯一的例外就是医疗健康领域。今天，不少新兴创业公司就是看中了这个领域的可开拓前景，才纷纷加入竞争大潮。

TytoCare 是一家以色列企业，成立于 2012 年。该公司通过自主研发的诊疗设备，希望建立在线诊断的行业标准。

尽管有很多企业和医疗机构可以通过智能手机进行在线诊断，却会遇到一个共同的问题：医生只能通过远程方式对病人进行诊断，却无法像现场诊断那样检查病人咽部的红肿或呼吸状况，从而作出综合判断。

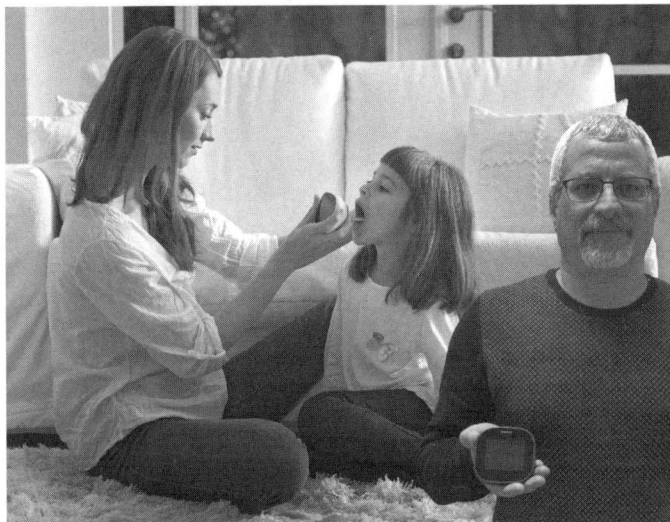

TytoCare 研发的带有摄像头的诊疗设备。戴眼镜男子为该公司首席运营官奥法·塔扎迪库

让内耳和咽部检查成为可能

为了解决这一难题，TytoCare 公司研发了家庭诊疗设备。只要装好设备，就可以在同等条件下对内耳和咽部进行拍摄。将设备靠近胸口便能准确记录呼吸声，或者也可以通过手机应用程序来记录。"我们希望每一个家庭都能拥有一套家庭诊疗设备。"首席运营官奥法·塔扎迪库如是说。

患者可以在线共享数据，并向医生问诊。2016 年，TytoCare 公司的诊疗设备获得美国食品药品监督管理局（FDA）发放的许可，截至目前在全美已有 2 万用户。2018 年，该公司与中国保险业巨头平安进行资本合作，全球化进程加速。该公司获得 8800 万美元的投资，计划在 2020 年使用户增至 10 万人。

收集的数据越多，人工智能可协助医生的范围越广。10 年后，感冒之类的小毛病很有可能在家里就可以接受诊断。让我们拭目以待 TytoCare 今后能成为这样的就医平台。

017	OrCam 视力障碍者的图像识别设备 以色列 企业估值：10 亿美元 **能够读出文字的视觉辅助设备**

希伯来大学教授阿姆农·沙书亚是以色列初创界的传奇人物。他曾以1.7 万亿日元的价格把高级驾驶辅助系统制造公司 Mobileye 卖给了美国英特尔。如今，沙书亚教授又将研究重点放在了新的项目上，那就是 2010年成立的医疗公司 OrCam，由其出任董事长兼首席技术官。

当记者问到为什么会选择医疗行业时，沙书亚教授回答："汽车行驶和医疗这两个领域在某些地方其实是相通的。它们都是通过图像对周围环境进行识别，利用人工智能进行分析，然后协助人们完成驾驶或阅读这些行为。"

辅助有视力障碍的人群

今天，OrCam 公司研发的商品是一种可穿戴视力辅助设备。就像下页图所示，安在眼镜框上的设备中装有摄像头，人们在阅读的时候只需用手指着文字，该部分文字就会被语音设备读出来。另外，该款产品还可识别站在用户面前的人到底是谁，并用语言进行提示。

据统计，全世界有视力障碍的人数超过 2 亿，市场潜力巨大。OrCam公司目前已融资 100 亿日元，向全球 20 多个国家出售产品。不过，该公司研发的产品不仅限于安装在眼镜上的设备。沙书亚教授用右手指着胸前

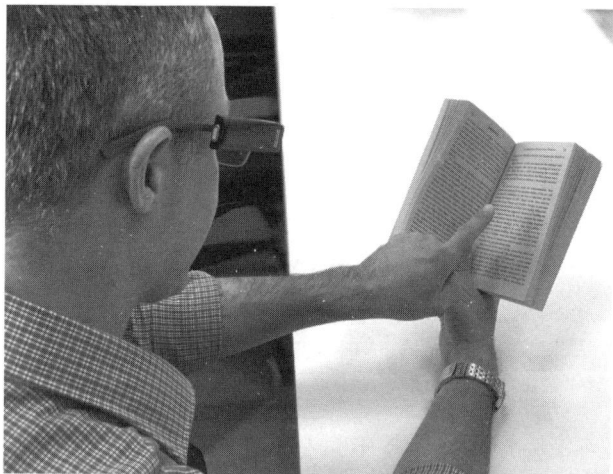

在给眼镜装上 OrCam 公司研发的设备后，只要用手指着文章，文字就能被识别出来

的装置向我们说明："这个黑色的装置会记录下你的脸和我们之间的谈话，并且会在智能手机上自动生成一份行为记录。过去的摄像头只能在联网时记录，而我们的设备几乎能将所有的行为记录下来。这可不同于失败的谷歌眼镜哦。"

在像聚会这种有多人聚集的场合，OrCam 的产品会屏蔽无关人士的谈话，只记录对方和自己的交谈内容。考虑到个人隐私，该设备收集到的所有数据均不上传云端。

"我们的产品还可以当作助听器用。通过图像识别技术和人工智能读取唇语的能力，可以帮助有听力障碍的人群。我想，能够最大限度发挥人工智能优势的，恐怕就是医疗领域吧。"沙书亚教授如是说。

018

AI Medical Service
内窥镜图像分析
日本
企业估值：不详

以癌症筛查无遗漏为目标的人工智能公司

将图像识别技术应用于医疗领域，并不只是以色列的专利。2017年在日本东京都丰岛区成立的AI Medical Service公司，致力于研发利用人工智能对内窥镜图像进行分析，针对消化器官的癌症和炎症作出诊断的系统。

虽然日本的内窥镜技术处于世界领先地位，但仍然存在不能及时发现病变的情况，这其中有超过20%的病例是医生造成的。因此，双重筛查十分必要。AI Medical Service的目标，就是通过人工智能提高对食道、胃、小肠以及大肠等部位的检查精确度，最终解决这一问题。

人工智能在对图像进行分析后，能够在0.02秒内发现只有资深医生才能看出的胃癌病变。左图为董事长兼首席执行官多田智裕医生

2020 年产业化

2019 年，AI Medical Service 公司开展临床试验，宣布内窥镜人工智能技术最早于 2020 年便可获得医药品认可并投入使用。"我们的人工智能集合了全世界最高水平的 100 位内窥镜专家的智慧，目标是保证癌症筛查无一遗漏。"董事长兼首席执行官多田智裕如是说。

首席执行官多田成立这家公司便是因为考虑到临床医生的苦恼。在 2 万多例内窥镜检查中，如何做到癌症筛查没有一个疏漏，是他一直思考的问题。

即便是资深医生，要找到一个微小的病变也是很困难的

的确，即便是行医 10 年的资深医生，要找到一个微小的病变也是很困难的。不过，首席执行官多田认为利用人工智能图像识别技术可以解决这一难题，于是才着手创办了这家公司。人工智能通过深度学习，掌握了数量庞大的图片数据信息，能够作出比专家的平均水平更精确的判断。

医疗和健康管理领域的人工智能应用才刚刚开始。如何快速将先进的技术应用于临床一线，是该领域今后发展的关键。

在这里，我们给大家介绍了 18 个带给世界不小冲击的创新公司，其实，除了它们之外还有更多。从下一章开始，我们将按照不同的领域对其他 75 个创新公司进行介绍。

第5章 商业·沟通

019

Automation Anywhere
软件机器人流程自动化（RPA）
美国
企业估值：26 亿美元
白领的工作由机器人代替

　　过去说工厂的工作可以自动化，但公司白领的工作却无法由机器人代替，这种说法已经是过去式了。

　　机器人流程自动化（RPA）技术可以通过软件机器人来自动处理很多事务，帮助人们从烦琐、机械的办公室环境中解脱出来，例如复制客户名单中的姓名和电话到工作指示表、将营业数据制成 Excel 表格等。人工智能可以学习人类的行为，软件机器人更可以不分昼夜地高效工作。

　　无论是综合商社、银行，还是制造商、广告代理商，多个领域都引入了该项技术。在劳动力不足、劳动模式变革的背景下，许多企业不得不引入这项技术，以摆脱困境。

　　RPA 技术近年来受到广泛关注，研发这一技术的是美国 Automation Anywhere 公司。该公司在世界上 20 个国家均有业务，总部位于硅谷，员工数超过 1400 人，客户企业数超过 1400 家。

学习人类行为，代替人类工作

　　长期以来，一直都有很多企业利用 IT 技术进行自动化办公。要实现办公自动化需要录入大量数据，这些录入工作大部分还是依靠人工来完成。

在整个工作流程当中，只有 20% 的工作依靠自动化来完成，剩余 80% 的工作还是由人类员工来完成。软件机器人流程自动化就是要帮人类完成剩余 80% 的工作。

企业白领的工作，包括需要定期手动将数据输入表格统计软件，还有一些其他的重复性工作等。今后，软件机器人会逐渐替代人类来完成这些工作。

学习人类的行为方式、加速自动化的 RPA 技术才刚刚开始普及。不光是在国外，即便是在需要不断改进工作模式的日本，Automation Anywhere 这样的 RPA 公司都具有很大的发展空间。

020

BizReach
求职中介
日本
企业估值：3.1 亿美元

猎头型求职中介服务刮起的旋风

在日本，有不少人曾看过以下这个电视广告。

（某公司，面试结束后）

公司高管甲："他是个不错的人才啊！太想让他留下来了！"

公司高管乙："对了，你是从哪里把他给挖来的？"

负责人事的女职员立刻竖起食指说道："BizReach！"

这个广告很有特点，负责人事的女职员对上司的想法一清二楚。广告中特别提到的 BizReach 公司（位于日本东京涩谷）是一家求职中介公司。该公司创建于 2009 年，截至 2018 年 7 月，销售额达到 157 亿日元，利润为 7 亿日元，可见发展之迅猛。

该公司的主营业务是为高端人才提供招聘信息，在该网站注册过的 3000 名猎头和企业招聘负责人可直接与应聘人员取得联系。BizReach 网站有 11 万条公开招聘信息，企业高管等年薪过千万日元的职位数超过总数的 1/3。在该网站注册的应聘用户更是超过 71 万人。

通常情况下，高端人才换工作时都会找猎头，而一个猎头一般要同时应对 1—3 人。但是，如果在 BizReach 网站注册的话，会有很多猎头向求职者伸出橄榄枝。这些猎头手握各种资源，涉及领域广，包括外企及一些中小企业。对求职人员来说，在这家网站上找工作，不仅选择范围广，而且高效。

同时，对招聘企业来说也是有好处的。企业不但可以通过猎头选择合适的人选，进入 BizReach 网站后还可以通过搜索功能，寻找满足招聘条件的人才。即使是在急需用人的情况下，仍然可以召集到很多人员进行面试，最终选出最佳人选。正是因为 BizReach 提供的服务很好地满足了企业招聘方的需求，该公司的发展才蒸蒸日上。

可视化推动人才的流动

BizReach 公司除了为高端人才提供招聘信息外，还有专门面向 20 多岁青年和大学应届毕业生的求职服务。今天，无论是年轻人或是中年人，越来越多的人不愿一直待在最初就业的公司。该公司正是利用 IT 技术，将人们过去看不到的招聘信息进行可视化处理，大大推进了人才的流动。在劳动力不足的问题日益变得严峻的当下，利用 IT 技术为个人和企业提供既快速又高效的招聘服务，也使该领域有很大的发展空间。

021

Github
源代码管理网站
美国
企业估值：75 亿美元
为 3100 万开发人员提供平台

2018 年，微软公司以 75 亿美元收购了一家公司，这家公司的名字叫 Github，是一家为源代码开发人员提供平台的网站。它的存在对于个人用户以及不少企业软件开发团队来说十分重要。

Github 是建立在版本管理系统 Git 上的网站。程序员在编程时，如果不小心出错，正常运行的程序就会突然停止。而在 Git 系统上，程序员可以轻松地返回此前编写的代码的某个节点开始重新编写。另外，关于谁在什么时候修改了哪些代码等信息也会保留下来。

Github 在 Git 系统上添加了便于团队开发的功能，还有能够提高程序错误管理和编码查核效率的功能。

另外，在 Github 的网站上，关于某源代码何时进行修复、添加了什么新功能等信息也一目了然。目前，该公司的用户仍在不断增加。过去在公司内部进行源代码管理的公司，如今也开始使用 Github 网站进行管理。

挖掘优秀程序员

Github 公司的收益来源于在该公司网站上托管源代码的企业用户支付的费用。一部分企业为了挖掘优秀的程序员，对 Github 网站上的源代码进行点评并聘用技术人员。另外，软件技术人员也可通过该网站交换信息。

　　随着人工智能和物联网利用范围的不断扩大、数字化的不断发展，人们对软件的需求将会越来越大。打破企业和机构之间的界限，由技术人员共同开发开放源代码，这种模式的发展势不可当。由 Github 公司提供的平台对于数字时代来说是不可或缺的，因此它才会被微软斥巨资收购。

	智慧芽（PatSnap） 专利数据库 英国 企业估值：不详 **全球专利商标数据库**
022	

将全世界的专利、商标和技术信息收录进巨大的数据库，为 8000 多家企业提供研发创新支持，这就是来自英国的智慧芽（PatSnap）所提供的服务。该公司成立于 2007 年，客户覆盖全球 40 多个国家和地区，已经从硅谷知名风投机构红杉资本等处得到超过 1 亿美元的融资。

该公司的客户包括美国国家航空航天局（NASA）、美国国防部、美国固特异轮胎橡胶公司、日本高砂香料工业株式会社等。打动这些机构和公司的不是别的，正是智慧芽公司所提供的服务——方便研发创新的平台。

该平台具有多领域专利和技术信息搜索功能，能够从知识产权数据库中为客户调出竞争对手的相关信息及科技发展趋势，继而为其提供分析报告。另外，该数据库还有一些其他功能，例如可以帮助客户了解未来科技和市场变化的商业智慧等。

智慧芽的数据库涵盖全球 1.3 亿个专利，此外还提供面向专业领域的服务。例如在生物工程领域，用户可以搜索到超过 3 亿条关于蛋白质、DNA 与 RNA 排列等的信息并进行分析。在化学领域，除了专利信息外，客户还可得到与法律、诉讼相关数据，以及专利获批、项目资助等信息。

提高研发效率迫在眉睫

2018 年，全球投入的研发经费为 2.19 万亿美元，然而，在过去 30 年间，全球研发成功率却下降了 65%。对企业来说，提高研发效率是摆在面前的一个重要课题。

大数据和人工智能正在不断催生科技创新。智慧芽公司提供的平台，方便客户从庞大的数据库中找到有助于研发创新的信息，并提供分析帮助，因此受到了全球企业的密切关注。

023	Sansan 名片共享管理服务 日本 企业估值：46 亿美元 **共享名片信息，提高销售效率**

你是否想过，将员工手里的客户名片扫描后数据化，由企业对数据进行统一管理，共享人脉。这正是为企业提供云名片管理的服务商——位于东京涩谷的 Sansan 公司提供的服务。

也许有不少人并不赞同这样的做法，认为跟客户交换得来的名片属于个人，也担心这样的做法无法得到客户的许可。

然而，对于企业来说，共享员工手中名片的益处良多，比如说，这将有利于开展销售活动。销售人员可以共享沉睡在不同部门同事抽屉里的名片信息，从而开发新客户。另外，通过数据共享，即便对方企业的负责人没有跟自己交换过名片，通过查找也可以获得对方的联系方式。而且，还可以在正式接触客户前，向曾当面交换过名片的同事了解客户的基本情况或询问相关注意事项，从而避免见面时出现问题。

另外，还有一个好处，就是可以预防更换合作方负责人后出现的问题，使对接工作更为顺畅。通过共享名片资源，能够很快掌握当前客户负责人的相关信息，并可以了解到前任负责人都有哪些人脉。

名片管理 App 也颇受好评

使用 Sansan 公司的产品，还可以轻松上传个人工作调整的信息。该公司同时运营进行名片管理的手机应用程序 Eight，颇受用户好评。只要用户更新个人名片信息，那么，面向企业的云名片管理服务也会自动更新。如果日经数据库中有相关人事信息更新的话，还能收到通知。

今天，Sansan 公司正在与客户关系管理软件服务提供商——美国的 Salesforce 开展业务合作，利用从云名片管理服务中收集到的客户、负责人等相关信息，从事销售活动和客户管理。

综合商社、房地产商、医疗用品制造商、大学等众多企业和机构目前都在使用 Sansan 的产品。将名片进行数字化管理，在企业内部共享，这样的创意颠覆了过往的商业常识。

024

Udemy
在线教育
美国
企业估值：1.73 亿美元
全球最大在线教育平台

"教你成为一名职业网页设计师""数据分析零起步""通过写广告文案提高签单率"……在这些广告语的背后，是总部位于美国硅谷的全球最大规模在线教育新兴创业公司 Udemy，现已拥有超过 10 万门在线课程，2400 万名学生。

Udemy 的核心课程是关于如何提高商务和 IT 技能的讲座，同时还包括艺术、健康、音乐等相关课程。来自各行业、各背景的人都可以在这个平台上成为老师，教授自己擅长的内容。大家还可以通过上传视频、演示文稿、PDF 文件、音频等资料制作课程。只要有一定的基础，任何人都可以成为老师，这是该在线教育平台与众不同的地方。目前，该网站的教师人数达到 3.5 万人，能够对应 50 种以上的外语。

该网站上人气教师的年收入已超过 100 万美元。与大规模网络公开课程大学 MOOC（慕课）平台上提供的教学资源不同，修 Udemy 的课程无法拿到大学学分。但由于使用 Udemy 可以学到很多对职场大有裨益的知识，反而使其更加受欢迎。

Udemy 公司的创始人是来自土耳其的埃伦·巴里。为了成立在线教育平台，他来到美国硅谷。该公司在 2009 年成立后仅一年就推出了服务平台。当初，为了筹集资金，巴里历尽千辛万苦，但随着网站人气的增加，实力雄厚的新兴创业公司相继为其投资，Udemy 的规模也开始不断扩大。

大众汽车、阿迪达斯等也是它的客户

Udemy 不但为个人用户提供服务，还针对企业用户提供服务。在面向企业用户的 Udemy For Business 学习平台上，有超过 3000 门商务课程，其中，iOS 应用开发训练营、Python 和机械学习研讨会等深受用户欢迎。

此外，德国大众、阿迪达斯、美国在线支付服务商 PayPal、来福车（Lyft）等大企业也是 Udemy 的客户。这些企业用户通过 Udemy 的线上课程对员工进行培训。

Udemy 的宗旨是"技能共享"。2015 年，Udemy 与日本通信教育公司联合，提供价值从几千日元到几万日元不等的课程。此外，他们还推出免费讲座和限时打折优惠活动，用户数量不断增加。

025

Untiy Technologies
三维 CG 开发工具
美国
企业估值：28 亿美元
三维 CG 开发工具创造虚拟世界

只要戴上 VR 头戴式显示设备，便能够置身于虚拟世界的虚拟现实（VR）技术，使手游《宝可梦 GO》给人带来新鲜感受的增强现实（AR）技术，如今备受瞩目。

美国 Untiy Technologies 公司打造了一款三维开发工具，帮客户制作包含 VR 和 AR 在内的各类三维产品。该公司有着目前全球使用最广泛的实时三维（RT3D）开发平台，60% 的 VR、AR 产品都是由 Untiy Technologies 公司提供技术支持。在手游市场上，该公司也有着 50% 的市场占有率。

从丹麦搬到硅谷

2004 年，德彼得·赫戈森在丹麦哥本哈根创立了 Untiy Technologies 公司。该公司原本只是致力于游戏制作，后来才开始开发游戏道具。在公司总部搬到美国旧金山后，便接受了美国知名风投红杉资本的资金，扩大了公司规模。目前，该公司在全球 27 个国家和地区有分公司，员工超过2000 人。

另外，Untiy Technologies 公司还与美国谷歌、微软、脸书及日本索尼、任天堂等多家企业有合作关系。现在，该公司拥有由千人组成的技术团队，为最新的软件上传提供技术支持。

此前，三维技术多应用于游戏领域，最近，该技术已广泛应用于汽车、建筑、电影、工程技术等众多领域。

将混合现实（MR）应用于汽车检修

在检修汽车的环节，丰田汽车的检修人员头戴微软 MR 头显 Hololens，通过计算机辅助设计（CAD）软件得到的全息图像及零部件信息会与实际车体同时显现在设备中。在修理汽车时，全息图像会与需要拆卸的零部件重合，如今装在车体较深位置、原本看不到的零部件也能看到了。

通过 MR 技术，不但可以提高汽车检修作业的精度，还可以让资深技术人员对新人进行远程技术指导。这些技术的实现，与 Untiy Technologies 公司的努力密不可分。

今天，三维产品的爆发式增加，使提供三维开发工具的 Untiy Technologies 公司在未来能够发挥越来越重要的作用。

第6章	娱乐·住宿服务

026

字节跳动
短视频共享软件
中国
企业估值：750 亿美元

席卷全球的短视频共享应用程序——抖音

伴着音乐、对准口型、踏着舞步，制作分享时长可达 15 秒钟视频，这就是 2018 年爆红的短视频共享软件"抖音"的功能。这款应用程序的忠实用户是 10—29 岁的年轻人，可选择的音乐范围广，包含欧美音乐与本土流行音乐。用户只需选择喜欢的歌曲作为背景音乐，就可以轻松拍摄视频，因而深受用户追捧。

抖音的开发者是中国的字节跳动科技有限公司，由于抖音在全世界范围内骤增的用户量，目前该企业估值已达 750 亿美元，甚至超过了美国网约车巨头优步。

字节跳动于 2016 年 10 月推出这款应用程序后，不到一年的时间，2017 年 8 月便开始进军海外市场。在该公司进军欧美之前，已经有一家来自中国的公司推出了同类应用"Mucical.ly"，并获得好评。字节跳动在将其收购后又整合了两种服务，增加了不少用户。

在视频共享领域，早有美国视频网站 YouTube，那为什么抖音会吸引如此众多的用户呢？最重要的理由就是，视频容易制作，视听时间也只需 15 秒钟。利用课间休息时间就可以随手拍点东西上传。

　　只是对对口形、跳跳舞，没有语言要求，只要在课间或放学后拍段有趣的视频上传即可吸引同学们的关注。用户们得到的点赞数越多，就越想上传更多的视频。

火爆网络的对口形视频

　　最受用户欢迎的其实是对口形视频。用抖音可以简单地制作一段短视频，用户只需要摆酷、装可爱。

　　进行创作的确很难，但如果只是对已有的视频进行模仿，并按照自己的风格稍微变化一下，还是比较容易上手的。上传者即使没有特别的兴趣爱好或特长，也可以上传视频，抖音也因此受到了用户的喜爱。

　　利用 YouTube 编辑视频很花时间，对于不懂视频编辑的年轻人来说有着不小的难度。因此，只用手机就可以编辑并上传视频的抖音瞬间流行了起来。

抖音短视频在年轻人中十分流行

027

Niantic

AR 游戏应用程序

美国

企业估值：40 亿美元

《宝可梦 GO》之后是《哈利·波特》

风靡全球的 AR 手游——《宝可梦 GO》的研发者是美国的 Niantic 公司。这款在 2016 年上线的游戏，到 2018 年时全球累计用户已突破 8 亿。除了美国、欧洲和日本外，它在亚洲的新兴国家也受到了欢迎。

除了日本，世界上 30 岁以下的人群当中有不少都是看着《宝可梦》动漫、玩着《宝可梦》游戏长大的。可以说，这些用户是手游《宝可梦 GO》的铁杆粉丝。

据美国数据调查公司 Sensor Tower 于 2019 年 1 月发布的报告，预计《宝可梦 GO》2018 年收入为 7.95 亿美元，比上一年增加 35%。

风靡全球的《宝可梦 GO》至今热度不减

通过游戏中的付费装备盈利

虽然手游《宝可梦 GO》是免费的，但要想快速升级，就需要购买游戏装备。为此，忠实用户们开始买起了装备。随着忠实用户数量的增多，Niantic 公司的收益也稳步上涨。

2019 年，因小说和电影而家喻户晓的《哈利·波特》改编手游计划上线。在名为《哈利·波特：巫师联盟》的新作品中，许多在《哈利·波特》系列作品及衍生作品《神奇动物在哪里》中的角色都出现了。

这款游戏的设定背景是魔法世界发生了神秘灾难，魔法道具、魔法生物、魔法世界的人们，甚至连记忆都出现在麻瓜的世界中。玩家必须与全世界的魔法师们团结一致，解开谜团。玩家作为由魔法部和国际魔法师联盟组成的特别部队的一名新成员，为了调查并阻止灾难的发生，展开了一系列的冒险行动。

谷歌的初创公司

2010 年，谷歌的新分公司 Niantic 成立。2012 年，Niantic 开发了 AR 地理位置手游《Ingress》测试版，并于次年正式上线。

2015 年，Niantic 从谷歌独立出来，在获得谷歌、任天堂、宝可梦三家公司共 3000 万美元的融资后，启动了《宝可梦 GO》的制作。

在制作《Ingress》和《宝可梦 GO》过程中积累起来的技术和经验，今后也将应用于其他游戏的制作中。如果新手游产品《哈利·波特》能顺利走上正轨，那么 Niantic 的收益将进一步增加，企业估值也会飞速增长。

028

Ookbee
电子书平台
泰国
企业估值：不详
来自东南亚的电子书平台

泰国的 Ookbee 公司是一家销售电子书的网络平台，其业务覆盖泰国、越南、菲律宾、马来西亚等东南亚国家，用户已超过 1000 万。

在 Ookbee 的平台上，除了有实力的出版社发行的电子书以外，还有小说迷和漫画迷等非职业作家的用户原创内容（UGC）。2017 年，Ookbee 和中国互联网巨头腾讯达成合作关系，成立用户原创内容公司 Ookbee U。

在泰国，有不少人是看着日本的漫画和动漫长大的，因此也出现了不少业余漫画家。这些业余漫画家可以把自己的作品上传到 Ookbee 的主要栏目——Ookbee Comic 中，根据点击量来获取收入。

此外，点击量高的作品还可以获得该公司的出版支持。

Ookbee U 还着手在泰国推广日本的视频网站 C CHANNEL。这个网站上有很多女性感兴趣的小视频，是由杂志模特、美甲师等众多时尚博主制成并上传的，深受日本年轻女性追捧。该网站在泰国也很受年轻女性欢迎，预计今后还会推出音乐栏目。

2015 年，Ookbee 和日本特思尔大宇宙集团共同出资，在泰国成立了一家网上购物商城，不过该商城已于 2017 年倒闭。该商城销售日本进口的化妆品、食品，但公司最终因激烈的市场竞争而决定退出，集中精力在市场占有率高的电子书销售及用户原创内容等领域的发展上。

029	Pinterest 图片共享网站 美国 企业估值：127 亿美元 **将喜欢的图片分享到网上**

Pinterest 是一个社交网站，在这里，用户可以将自己喜欢的互联网上的照片和视频放在个人专属页面中进行管理。使用该网站就像是给家里的照片墙贴上照片，因此，有越来越多的用户喜欢上了这项服务。

虽然经常有人将 Pinterest 与另一家图片共享网站 Instagram（照片墙）进行比较，不过 Instagram 上的照片及视频还是以用户自己拍摄的作品为主。此外，用户还可以关注名人或者朋友的作品，浏览最新消息。

深受女性欢迎的 Pinterest 手机应用程序页面

便利的收藏搜索功能

与 Instagram 不同，在 Pinterest 网站上，用户可以选择自己感兴趣的领域，然后收藏其他用户收藏的图片或视频。由于方便搜索，很多用户很容易就能收集到自己需要的信息。另外，Pinterest 不但可以保存图片，还可以保存网站或网页，甚至能够链接到相关网页。

2018 年 9 月，Pinterest 全球月间活跃用户数达到 2.5 亿，而且还在不断增加。其中，女性用户占 80%，35—54 岁人群大约占到 50%，很多人都有孩子。而 Instagram 上虽然女性用户比例高达 70%，但九成用户都是 35 岁以下的年轻一代。可见两者存在很大差异。

获得购物主力军的支持

在日本，无论是个人，还是企业，对 Instagram 网站的关注度都很高，甚至出现了"晒照"这样的新词。Instagram 的全球月间活跃用户数超过 10 亿，但拥有购物主力军用户的 Pinterest，其实力也不容小觑。

2018 年 10 月，Pinterest 的日本公司推出新功能，用户可以看到商品的实时价格和库存情况，并可以点击链接直接进入网页购买。

	爱彼迎（Airbnb） 民宿短租平台 美国 企业估值：350 亿美元 **民宿改变旅行常识**
030	

　　"怎么能把房子租给完全不认识的人呢？太没有常识了吧！东西被偷了怎么办？""在不认识的人的床上睡觉，心里不舒服。""万一遇到坏人怎么办？"……

　　尽管存在以上这些反对声，但全球民宿业还是在迅速发展。当然，一说到民宿，人们会不约而同地想到一家企业——美国爱彼迎（Airbnb）。该公司业务覆盖全球 191 个国家和地区的超过 8 万个城市，民宿数量超过 500 万家。可以说，它几乎是民宿业的代名词。

　　说起爱彼迎受欢迎的理由，那一定是价位适中。在位于纽约曼哈顿商业中心配有两张床的豪华公寓里住一晚，费用只需 18332 日元（约合 1200 元人民币）。夏威夷怀基基海滩附近的双人间，一晚只要 7218 日元（约合 460 元人民币），与当地的酒店相比，这个价格简直超划算。

　　爱彼迎之所以可以提供如此物美价廉的房间，正是因为"共享经济"这个概念的出现，房主可以在他本人愿意的时间里出租闲置的空房。

　　为了让房客和房主都安心，爱彼迎引入了双方互相评价和填写评论的机制。问题多的房客，其评价自然就低，优质房主在找到好客源的同时，还能剔除有问题的房客。评价特别高的房主会被爱彼迎评为"超级房主"，并获得优先推荐。

英国某地的一间形似宇宙飞船的民宿

在爱彼迎的网页上，有很多普通酒店没有的房型。例如树屋，即一种搭建在树上的、可以供人居住的建筑，经常出现在海上漂流故事的情节里。在巴西，你便可以在水电完备、配有冰箱的树屋里感受不一样的入住体验。

一家位于英国高原地带的民宿也很有意思。它的外形酷似宇宙飞船，但铝制舱体里的配置和普通家庭别无二致，房客透过窗户便可以欣赏壮阔的大自然风光。

不过，爱彼迎也面临着需要解决的各种问题，比如针对违法民宿的应对措施。2018 年，在接到日本观光厅通知后，爱彼迎下架了所有未按照《住宅宿泊事业法》要求完成经营许可注册的民宿房源。严厉的处理办法导致房源大幅减少，但是考虑到这一举措能够提高网站的可信度，爱彼迎还是坚决实施。

爱彼迎严格按照各国法律对房源进行整顿，一旦出现房源被强制撤销的情况，不但会将住宿费全额退还给用户，还会赠送住宿优惠券作为补偿。

和日本 JTB 开展业务合作

由于威胁到酒店行业的利益，民宿业长期受到打压。不过，民宿业领军企业爱彼迎严格遵守法律的做法，还是得到了行业认可。2018 年 11 月，爱彼迎与曾经是劲敌的旅游业巨头 JTB 旅行社展开业务合作，JTB 也开始宣传并接受民宿预约。

031

OYO Hotels & Homes
连锁酒店
印度
企业估值：50 亿美元
颠覆传统印象的经济型酒店

经济型酒店给人的印象是价格低、设备差。但是，如果能够保证干净，再配有无线 Wi-Fi、空调、电视机和早餐的话，它们一定能得到旅行者的认可。本着这种理念成立的连锁酒店在旅游业刮起了一阵旋风。

由印度的 OYO Hotels & Homes 运营的经济型酒店预约网站自 2013 年成立以来，在 5 年多的时间里就有 500 个城市超过 1.5 万家经济型酒店上架。

标准配置弥补了经济型酒店的不足之处，使其备受欢迎。只有满足配备齐无线 Wi-Fi、空调、电视机、早餐等大约 30 项基本条件的酒店，才能出现在 OYO 的网站中。OYO 的工作人员有时也会假扮成住店旅客，对酒店的硬件设施和服务水平进行严格审查。达不到审核标准，但经过房间装修、设施改造以及服务改进后达到要求的酒店，同样可以加盟 OYO。

每晚 2000—3000 日元的经济型酒店和 3000—8000 日元的中等价位酒店是该公司的核心产品。当空房较多时，OYO 还会推出特价房来提高入住率。

OYO 还利用 IT 技术来提高酒店的经营效率，为加盟酒店提供办理入住和退房以及管理客房清扫和使用的系统。

进军马来西亚、阿联酋和日本市场

除了印度，OYO 还加速进军马来西亚、印度尼西亚、阿联酋和中国等海外市场。OYO 的模式颠覆了人们对经济型酒店的概念，尤其是得到了新兴国家用户的支持。

2019 年 2 月，OYO 进军日本市场。该公司和雅虎成立了合资公司，专门经营 OYO Life 品牌，推出了利用手机就可轻松入住或退房的新型房屋租赁服务。

使用 OYO Life 的服务，不需交付押金、礼金、手续费就能立刻入住，替租户节省了不少初期费用。而且，房间里设施完备，家电、家具、无线 Wi-Fi，样样齐全，完全可以拎包入住。

房间可按月租住，租金分别是：合租 4 万—6 万日元、公寓 10 万—15 万日元、独栋别墅 25 万—45 万日元。OYO 计划从日本东京都的 23 个区开始逐步推进业务。

OYO 的创始人兼首席执行官利特夏·阿格卢瓦鲁，是一个 1993 年出生的 90 后。日本软银集团和美国红杉资本为 OYO 的快速发展提供了资金支持。2018 年，OYO 融资 10 亿美元，已然做好了加速开发中国和印度尼西亚市场的准备。

032

途家
民宿预定平台
中国
企业估值：30 亿美元
进入日本市场的中国民宿巨头

在拥有 14 亿人口的世界第一人口大国——中国，有一个名为"途家"的网站。该网站是中国第一的民宿预定平台。截至 2019 年 1 月，途家网提供了中国国内 100 万家、国外 50 万家民宿，并且还在不断加速开拓国外市场，是爱彼迎的强有力竞争对手。

途家的房源数量之所以不断增加，是因为房东只需向途家支付低至 3% 的手续费用。和爱彼迎一样，途家也是通过入住后房客和房东的互评来提高网站的可信度。途家充分发挥本土优势，出现纠纷时往往用中国的方式来解决问题，令双方满意。

途家的未来发展前景很好。在中国，有不少人对国外旅行感兴趣，赴日本和欧洲旅游的游客也在不断增加。为了降低出国游的成本，越来越多的中国游客选择了入住民宿。在这种背景下，能够提供中文服务并了解中国人出游习惯的途家网优势显著。

赴日中国游客的民宿需求增加

赴日游玩的中国游客一直有着较高的民宿需求，为此，途家正式进军日本市场。除了一般的民宿服务，还推出高端品牌"途家 house"。途家利用平台优势，除了吸引中国游客，还在室内装饰、管理等方面向房主提供咨询服务。

日本的途家还会提供水杯和洗发水、护发素等洗漱用品，以及更换床单、毛巾。此外，室内装饰还会采用途家的品牌颜色——橙色，全方位强化途家的品牌形象。

全力加强游客集中城市的服务

2020 年日本东京将举办奥运会和残奥会①，2025 年日本大阪将承办世博会，日本京都则拥有众多历史悠久的寺院。这三个中国游客关注度最高的城市，也是途家倾注全力加大服务的城市。

和爱彼迎一样，2018 年途家也遇到了在《住宅宿泊事业法》出台后日本政府对违法民宿进行严格管制的问题。途家正在想办法扩大房源数量，以解决日益突出的房源不足问题。

①2020 年东京奥运会因新冠肺炎疫情原因而推迟。

<table>
<tr><td rowspan="2">第7章</td><td>金融科技</td></tr>
<tr><td>
Credit Karma
信用查询服务
美国
企业估值：40 亿美元
通过给个人信用评分，取得飞速发展
</td></tr>
</table>

033

在美国，有一家免费为用户提供信用评分查询服务的新兴创业公司。这就是总部位于美国旧金山的 Credit Karma，它拥有全美超过 8500 万用户，2018 年的企业估值达 40 亿美元。

在日本，信用评分虽没受到人们的关注，但在生活中却十分重要。如果被金融机构认定为信用良好，不仅更容易办理住房贷款及汽车贷款，还可以享受低利率等优惠条件。

注册成为 Credit Karma 会员后，便可查询自己的信用评分。当然，当评分发生变化时也会收到提醒。

此外，Credit Karma 还能帮助用户了解影响信用评分的项目以及提高信用评分的办法。在过去，查询个人信用评分是要收费的，但 Credit Karma 却可以为用户提供免费服务。

向金融机构收取手续费

Credit Karma 还会根据用户的信用评分，推荐适合用户的金融产品，并通过向金融机构收取费用来获得收益。从用户的角度来看，服务是免费的，而且还可以选择优惠的金融产品；而对于金融机构来说，通过 Credit

Karma 便能够接触到大量客户。这种双方互惠互利的商业模式助力 Credit Karma 的发展与壮大。

Credit Karma 的创始人兼首席执行官肯尼思·林出生在中国，4 岁时随父母定居美国。他从美国波士顿大学毕业后一直在信用卡行业工作。当积累到足够资源后，2007 年，他成立了 Credit Karma。

今天，Credit Karma 在获得谷歌风投、老虎全球管理基金等多家机构的融资后，规模不断扩大，又相继推出了免费报税服务以及修改信用报告错误的服务。

034

Finatext
金融信息服务
日本
企业估值：3.1 亿美元
股票应用程序和金融信息的大数据分析

日本规模最大的手机股票社区——Asukabu，拥有超过 25 万的注册用户。通过这款手机应用程序，用户不仅可以交换每日的股价预测信息，还能分享炒股经验，从炒股小白成长为资深股民。

此外，还有一款手机应用程序 Majitore，以游戏的形式让初学者学习信用交易等相关知识。

推出这两款手机应用程序的是 Finatext 公司（位于日本东京千代田区），专门从事金融信息服务。

Finatext 是一家由东京大学学生创办的金融科技新兴创业公司，创始人兼董事长林良太在 2013 年成立了这家公司。该公司致力于"把金融打造成一种服务"，利用游戏元素开发手机应用程序。

该公司研发的手机应用程序类似于社交网站，以年轻人为目标人群，获得了不少用户。其子公司 Samrt Plus 还启动了移动设备股票交易平台 Stream，于 2018 年推出股票交易服务，并且免除股票交易及信用交易委托手续费。

Stream 同样十分重视用户间的沟通交流，该平台服务使复杂的股票交易变得容易。Samrt Plus 还组织线下活动"STREAM CAMP"，为用户创造面对面分享投资经验的机会。

Finatext 努力把 Asukabu 的社区用户发展为 Stream 的用户。2018 年，

该公司获得第二电电公司 60 亿日元的融资，用于强化各款手机应用程序的功能。

利用大数据的经济分析平台

如今，集团另一家子公司 Nowcast 也提供大数据分析服务。2018 年，该公司与 CCC Maketing 公司合作，对 CCC Maketing 的 6500 万客户和超过 7 万亿日元的购买数据进行分析，为上市公司提供销售额预测服务。

	freee
035	云计算服务
	日本
	企业估值：6.1 亿美元
	创造云时代的计算生态系统

2019 年 4 月的某一天，在日本静冈市郊外的一处茶园里，正在和父亲一起干活的佐藤宽之的手机突然响了。

"爸，您这个月在家居建材商店花 1 万日元买什么了？"宽之看了一眼手机后问道。

短信是云会计软件 freee 发来的，里面记录了佐藤当月的信用卡账单详情。

2018 年 1 月，佐藤宽之从钢铁厂退休后便来到父亲的茶园帮忙，当时就发现一个问题，那就是家里堆积了一大堆购物小票。茶园活忙，父亲平时都不管这些，所以一到纳税申报时就得整理一年的票据。于是，佐藤宽之便开始使用起了云会计软件。在联网的情况下，通过手机就可以进行会计处理，是一种融合了网络和金融的金融科技。

"不是在茶园干活，就是外出采购，我们农民很少待在家里，也没有整块的时间去整理各种小票。云会计软件，不受地点限制，在哪儿都能用，特别适合我们。"佐藤宽之说道。只要用手机拍下购物小票，云会计软件就会把购买的商品和价格记录到账本里，而且还可以做分类处理。

纳税申报的准备时间从一周缩短成一天

使用云会计软件，不但可以实时掌握每月的销售额和开支，还可以将账本里的记录制成货单和账单。2018 年花了整整一周时间才做完的纳税申报材料，2019 年只用了一天时间就完成了。

提供这款云会计服务的，是位于日本东京都港区的新兴创业公司 freee，其创始人是佐佐木大辅。佐佐木大辅是美国谷歌亚太区中小企业市场营销总经理，2012 年成立了这家 SaaS 公司。在这里，SaaS 是 "Software as a Service"（软件即服务）的缩写。过去，用户要先将软件下载到个人电脑或平板电脑上才可以使用，但现在软件已放在了互联网浏览器上，无须下载也可使用。其实，谷歌在线文档也是一种 SaaS 模式。

针对商业活动的 SaaS 也在不断增多，会计服务在个体经营户群体中广泛使用。freee 是提供这类服务的公司之一，自 2014 年开始提供工资计算等人事劳务管理服务。个人用户每月缴纳 980 日元，企业用户每月缴纳 2380 日元，无须支付高达几万日元的软件包，降低了使用成本。用户还可以根据开通的功能种类来支付每月的费用。

从瑞可利、三菱 UFJ 银行融资

作为 SaaS 的新兴企业代表，freee 从瑞可利、三菱 UFJ 银行等巨头处获得了高达 161 亿日元的融资，未来有可能成长为独角兽企业（企业总估值超过 10 亿美元的非上市创业公司）。

关于公司的下一步发展，首席执行官佐佐木表示："将会增加企业融资、人员聘用等跟经营直接相关的功能。"利用会计数据充实授信信息，实现多样化的融资形式；利用人事劳务信息进行人岗匹配，应用的场景还有很多。

云会计软件的使用场景。佐藤宽之正在与父亲对话

	Monzo
036	数字银行
	英国
	企业估值：13 亿美元
	不设分行的数字银行

有一家不设分行的数字银行在英国受到广泛关注，那就是利用手机应用程序进行交易的 Monzo。如今，平均每周都有 3.5 万人在 Monzo 开户，账户数量已超过 150 万个。

成立于 2015 年的 Monzo，在 2016 年获得云基金融资后开始扩大业务范围。Monzo 最初是从事预付卡业务，在 2017 年获得银行业许可后，开始发行银行卡。

10 分钟办理银行开户业务

Monzo 的优点在于开户手续简便，使用智能手机的话，10 分钟内就可完成办理。在英国办理住址证明十分麻烦，而利用 Monzo 开设银行账户时如没有住址证明，凭护照等能够证明本人身份的证件就可以。从前，外国劳务人员和留学生很难在英国开设银行账户，可以说 Monzo 为他们送来了福音。

便于操作的界面也使 Monzo 深受用户好评。除了方便汇款，还能够实时掌握账户的流水等信息。和同事或朋友一起外出用餐时，可以利用 Monzo 轻松转账。

受欢迎的记账功能

Monzo 的记账功能也深受用户欢迎。通过 Monzo 的手机应用程序可以设定每月预算，用户能够在手机上清楚地看到各项支出金额，方便与预算进行对照。当超出预算时，平台就会发出提示，帮助用户实时监测。事实上，确实有用户因为使用 Monzo 移动银行而成功地节省了每月支出。

数字银行推荐的云轻松服务

秉承"未来银行"理念的 Monzo 由于没有分行，因此能够较好地控制成本。该公司宣称，他们会把资金集中在经营资源上，用来完善各项应用功能，给用户带来更加满意的使用体验。数字银行正开始让墨守成规的银行业发生巨变。

037	Origami 移动支付 日本 企业估值：3.1 亿美元 **移动支付领域先行者**

日本的无现金支付正在快速发展，不需要钱包和卡，只需手机应用程序就可完成付款。位于日本东京港区的 Origami 公司便是提供这一服务的平台之一。

付款时告诉收银员使用 Origami 支付，然后扫描二维码就可以完成。在这里，不需要像用信用卡支付那样签字，也不需要输入密码。

大型电器店、便利店、药妆店、百货商场、服装店、饭馆、出租车、滑雪场……在很多场景中都可以使用移动支付，钱款会从关联银行账户或信用卡中扣除。Origami 现已与三井住友银行、瑞穗银行、永旺银行等多家银行合作。

为了进一步扩大市场，Origami 还推出"Origami 支付五折"活动。只要在吉野家、肯德基这些加盟店使用 Origami 支付，就可享受商品五折优惠。虽然活动会有优惠时间限制和最大优惠金额，但 Origami 正在全力提高品牌认知度。

和软银、LINE、乐天、Docomo 的激烈竞争

Origami 全力以赴提高品牌认知度，其实是出于移动支付行业的白热化竞争。该公司于 2016 年开始提供移动支付服务，是日本第一家从事该

业务的企业。此后，其他公司陆续进入了该领域。2018年底，软银不仅和雅虎共同推出PayPay支付，同时推出声势浩大的"送你100亿日元"宣传活动。用户在完成支付后可得到相当于付款金额20%的积分奖励，一下子提高了品牌认知度。同时，LINE也积极推出返积分活动，以支持LINE Pay移动支付平台。此外，乐天的乐天Pay、NTT Docomo公司的d支付也不甘示弱。日本的移动支付领域可谓是群雄割据。

移动支付模式快捷便利，未来应该会更加普及。随着各大巨头的不断加入，市场竞争愈演愈烈。手机支付的先行者Origami未来会采取什么样的发展战略，我们将拭目以待。

038

Paytm
移动支付
印度
企业估值：160 亿美元
在街边小摊也可使用的印度移动支付

印度，是一个拥有 13 亿人口、众多的语言及宗教的国家。在这里，有一家提供数字支付服务的新兴创业公司越来越受到关注——那就是 Paytm 公司。

Paytm 是通过扫描二维码进行移动支付的服务平台，在印度的加盟商户数量已突破 700 万家。通信、水电燃气、旅游、电影、超市、餐厅，甚至连路边摊，几乎所有行业都支持 Paytm 移动支付。

2017 年，印度的移动支付市场交易规模达 120 亿美元，比上年增长 44%。Paytm 的手机用户更是超过了 3 亿。当时，他们的移动支付总次数已占到市场份额的六成，领跑全行业。

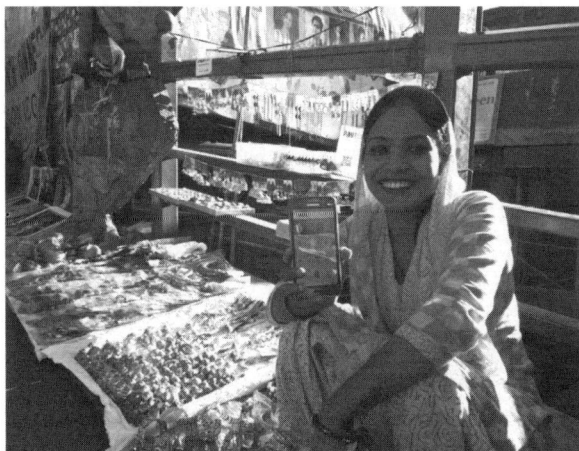

在印度，很多街边小摊也支持
Paytm 移动支付

Paytm 的创始人兼首席执行官维贾伊·谢卡尔·夏尔玛，出生于 1978 年。他在德里印度理工学院读书时就开始从事电子商务，2010 年创立 Paytm 的母公司 One97 communications。

起初，夏尔玛只做电话卡充值业务，后来，随着智能手机的迅速普及，他开始考虑更加便捷的支付方式，即通过手机应用程序登录银行账户，扫描二维码来完成支付。

One97 communications 公司通过强大的技术力量，终于研发出高精度的二维码识别软件，让移动支付变得更加简单，在印度迅速普及开来。

吸引阿里巴巴和巴菲特

2015 年，该公司获得印度塔塔集团掌门人拉坦·塔塔的投资，同年又接受阿里巴巴集团的高额投资。2017 年，Paytm 接受软银 14 亿美元的投资。2018 年，美国著名投资家沃伦·巴菲特率领的投资公司伯克希尔·哈撒韦也投资了 Paytm。Paytm 的发展引起全世界的关注。

Paytm 利用其在印度市场积累起来的经验（印度的手机通常拍照功能不佳），研发的二维码识别软件精度高。由日本软银和雅虎共同开发的 PayPay 支付也在使用 Paytm 的技术。

Paytm，使曾经依赖现金支付的印度向着移动支付大国迅速发展，该公司拥有的强大技术在发达国家同样闪耀着光芒。

039

Revolut
数字银行平台
英国
企业估值：17 亿美元
超低换汇手续费，打破行业价格

出国旅游时，有件事情总会让很多人感到不爽，那就是外币兑换。人们兑汇时通常要支付较高的手续费，总会有一种吃亏的感觉。

现在，解决人们这个痛点的银行出现了，那就是英国的 Revolut。和英国的 Monzo 一样，Revolut 也是通过手机应用程序来提供银行服务。

只要在 Revolut 的手机银行上开设账户，就可以兑换世界上近 30 个国家的货币，而且手续费极低。美元、英镑、欧元、日元等世界主要货币的汇率都按照银行间的汇率计算，在此基础上加收 0.5% 的手续费。

不过，外汇兑换金额有上限，每月超过 5000 英镑的部分需要再追加 0.5% 的手续费。即便是这样，对于留学、短期停留以及旅游的个人来说，那也是十分划算的。

Revolut 还提供虚拟货币兑换服务，可以兑换比特币、莱特币等 5 种货币。

使用 Revolut 银行卡在国际 ATM 机取现时手续费也不高，每月免手续费取现额度为 200 英镑。

向国外转账时，如果每月不超过 5000 英镑，也可免手续费。在日本的大银行办理国外转账业务，比如三井住友银行，每笔需要缴纳 4000 日元的手续费，另外还要缴纳相关银行手续费 2500 日元。这样一比较，通过 Revolut 给国外转账真的很划算。

手机办理、方便好用、手续费便宜，正是因为这些优点，Revolut 的用户数量急速增加，现在已达到 400 万。从事银行业的新兴创业公司倒闭概率较高，不过，根据欧洲存款保险制度（EDIS），Revolut 用户存入的资金最多可获得高达 10 万欧元的保障。

向高级会员和企业用户收取手续费

当然，再怎么打破行业价格，企业还是得盈利，否则便没法保证持续发展。那么，Revolut 银行究竟是如何盈利的呢？虽然该公司并没有向外界说明，但它似乎是在每个月或是银行结算时向高级会员和企业用户收取费用。

Revolut 银行是由俄裔创业家、首席执行官尼古拉斯·托洛斯基和首席技术官乌拉多·雅琴科于 2015 年在英国创立的。2018 年，Revolut 获得立陶宛中央银行发放的经营许可，开始在欧盟国家开展业务。

由于国外转账存在洗钱风险，所以针对可疑的转账，Revolut 设置了一套中止系统。但也有人说 Revolut 银行并没有让该系统真正运转。

受合规问题的影响，2019 年 2 月，Revolut 的首席财务官辞职。金融界的革命者要想取得长足发展，首先要成为一家值得信赖的企业。

<table>
<tr><td rowspan="2">040</td><td>Stripe
在线支付平台
美国
企业估值：225 亿美元</td></tr>
<tr><td>支持在线支付的幕后英雄</td></tr>
</table>

约车、送餐、预约餐厅……智能手机能够提供的服务越来越多了。有一家公司正在悄然飞速发展，那就是美国在线支付巨头——Stripe。

Stripe 在全世界范围内拥有 10 万多家企业用户。程序开发人员通过这一平台能够轻轻松松地帮助客户做好结算系统。只需输入几行代码，结算系统就搞定了。

目前，手机操作系统主要有 iOS 和安卓两类，Stripe 的平台可同时应对这两种系统。无论是通过移动终端，还是网站，购买只要一键操作。

举例来说，美国网约车巨头来福车也是 Stripe 的客户。作为优步的竞争对手，来福车拥有超 200 万名网约车司机，日均产生 300 万次约车服务，每天的线上支付均由 Stripe 公司提供的结算平台来处理。

为订阅服务提供技术支持

Stripe 公司也为定期付费的订阅服务提供技术支持。Stripe 会为客户安装登录程序，客户只需定期登录付款界面，Stripe 就会替客户向用户催缴费用。包括打折优惠、取消订阅、更改套餐、信用卡信息自动更新等，这些服务都可交由 Stripe 负责。

网上交易最重要的就是要安全、安心。信用卡存在盗刷风险，为了避免此类情况的出现，Stripe 利用人工智能进行检查。

比如，某张信用卡如果在 24 小时之内在全世界各地消费，人工智能就会判断这张卡存在极高的被盗号可能性，会立即采取冻结措施；同时，会联系客户给出详细的冻结理由，让客户知道得清清楚楚。

Stripe 是由出生在爱尔兰的帕特里克·格里森和约翰·格里森两兄弟创立的。因为看好该公司的前景，美国硅谷著名的风投机构红杉资本、美国 PayPal 联合创始人彼得·蒂尔、特斯拉首席执行官埃隆·马斯克等，也纷纷投资 Stripe。

在线支付开拓者们认可的未来

就连在线支付的开拓者——PayPal 公司的创始人都看好 Stripe，看来 Stripe 未来的发展前景应该相当不错。一般消费者和企业用户不太关注隐形技术，但正是这些技术在支撑着在线支付，为巨大的在线支付市场提供技术保障。作为幕后英雄，它们的力量不容小觑。

041

C3 IoT
针对企业用户的物联网平台
美国
企业估值：14 亿美元
利用人工智能分析工业机械数据，提高工业效率

我们知道，物联网正在改变工业机械和工厂的形态。在"工业 4.0""工业互联网"等词成为热点话题时，工业物联网也备受关注。

有一家总部位于美国旧金山的新兴创业公司 C3 IoT，在这一领域的影响力不断攀升。该公司通过人工智能和大数据对工业机械出现故障的可能性进行分析，提供基于预测的机器保养和软件管理平台，另外还提供能有效使用生产设备、高效管理电力等能源的软件平台。通过对工业联网的数据进行分析，有效提高企业设备利用率，削减成本。

2018 年 5 月，C3 IoT 宣布，它们将与美国半导体巨头英特尔公司在人工智能软件和硬件领域进行合作。其实，C3 IoT 早已考虑要将产品应用于金融服务、矿业、石油和天然气、医疗、制造、航空航天、国防、公共部门等领域。

C3 IoT 的创始人托马斯·西贝尔，曾于 1993 年创立了提供客户关系管理系统的西贝尔系统公司，并在 2006 年将这家公司出售给了美国软件巨头甲骨文。西贝尔公司的客户关系管理软件在当时占有很大的市场份额，在 IT 界评价很高。

增加医疗与金融服务领域客户

西贝尔在 2009 年创立了 C3 IoT，最初是通过安装在电力、天然气等能源公司工业机械上的大量传感器来收集数据，后来他开始利用人工智能的机器学习，开发出大数据分析技术，一举获得不少客户。后来，利用积累的技术和经验，C3 IoT 开始面向制造、医疗、金融服务等领域进行软件研发，并不断增加这些领域的客户。

美国通用电气在工业物联网领域投入不少，但是一直业绩不佳，发展受阻，C3 IoT 却在该领域一路高歌猛进。

042

Carbon
3D 打印机
美国
企业估值：18 亿美元
令阿迪达斯叹服的超高速 3D 打印机

　　利用 3D 打印技术批量生产跑鞋，是体育用品巨头阿迪达斯推出的与众不同的市场战略。在这里，批量生产的产品是阿迪达斯的新一代中底 Adidas 4D。过去，是通过金属模具使树脂等发泡材料成型，制成鞋底，而新一代鞋底是用 3D 打印机将树脂材料打印成立体网格结构。

　　细密的网格结构能够产生良好的弹力支撑性，同时可以分散落地时带来的冲击，缓冲效果卓越。除了慢跑，平时锻炼的时候也可穿这种运动鞋。这种新型鞋底具有金属模具无法做出的特殊结构，以及发泡材料不具备的性能。未来还有可能根据每个人的脚型来定制鞋底。

　　助力阿迪达斯实现 2018 年底产量超过 10 万双目标的，正是研发 3D 打印机的美国新兴创业公司 Carbon。过去，人们对 3D 打印机的印象是只可以打印样品，但不适用于批量生产。使用 3D 打印机来批量生产不仅耗时，而且效率低下。

打印速度提高 100 倍，使生产成为可能

　　然而，Carbon 公司利用一项被称为 CLIP（Layerless Continuous Liquid Interface Production Technology，即无分层连续液体界面提取技术）的技术，将他们的 3D 打印机速度提高为传统打印机的 100 倍，使批量生产成为可能。该公司使用透氧光学液体树脂，打造出具有良好缓冲性、稳定、耐久的合成产品。

传统 3D 打印机打印的产品多为堆叠薄层类型，即利用打印材料一层一层堆积，最终做成产品，而 Carbon 的 CLIP 技术则是先在容器中装入光固化树脂，通过编好的程序让发光二极管对材料进行照射，树脂因此而逐渐变硬并固型。Carbon 利用这种技术实现了高速生产。

3D 打印机打印网格状鞋底　　　　　使用 3D 打印技术制成鞋底的阿迪达斯运动鞋

一体成型既能提高耐久性，又可降低成本

Carbon 的 3D 打印机在各个领域都实现了批量生产。

比如生产家用、商用果汁机等搅拌机的巨头——美国维他拌管理有限公司。该公司的商用搅拌机清洗喷嘴就是利用 Carbon 公司的 3D 打印机生产的。清洗喷嘴原本由多个零部件组装而成，改为一体成型的立体打印后，其耐久性提高十几倍，成本则降低至三成。

利用 3D 打印机的创新技术取得飞跃发展的 Carbon，无须试生产便可直接进入批量生产，易于调整细微环节的设计，给制造业带来了翻天覆地的变化。

043

大疆创新科技

小型无人机

中国

企业估值：150 亿美元

小型无人机领域的中国王者

　　航拍、运输、农药喷洒、军事、游戏……小型无人机频繁地出现在各种场景中。中国的大疆创新科技在全球的小型无人机市场占有率超七成。根据 2018 年 9 月商业无人机行业研究咨询公司 Skylogic Research 发布的调研报告，大疆创新科技当年的市场占有率已达 74%，将其他公司远远地甩在了身后。

　　大疆创新科技的产品种类丰富，既有针对普通消费者的，也有应用于专业领域的，甚至还有用于工业生产的。

　　面向普通消费者的产品，有便携式可折叠"御"Mavic 系列，还有多功能迷你"晓"Spark 系列。价格集中在 5 万—20 万日元之间，在日本 Bic Camera 等大型电器店均有出售。

大疆创新科技的无人航拍机

应用于专业领域的"悟"Inspire 系列，价位通常超过 200 万日元。这种无人机配有 4K 照相机和 HD 视频传输系统，也可用于电影拍摄，在影视制作领域有极高的市场占有率。

无人机还可用于农业生产中，既可以用于大面积农田的农药、肥料或者除草剂的喷洒，还可以掌握农作物生长状况。

在能源领域，大疆创新科技研发的无人机可用于如大规模太阳能发电站、风力发电站、炼油厂、燃气制造厂、核电站等的电力巡线及设备检查中。

在搜索救援、测量方面的应用

大疆创新科技也提供搜索救援、建筑测量、施工管理、交通治堵等方面的解决方案。

大疆创新科技在硬件开发和软件开发两方面都投入了较大力量。在硬件方面，除了无人机，还积极研发温度传感器、相机、防抖稳定器等；在软件方面，积极探索地图绘制、3D 模型、数据分析、成像处理、数据传送等多项技术。

大疆创新科技由 2006 年毕业于香港科技大学的汪滔等人联合创立。后来，公司转移到深圳，开始进行大规模的产品研发。深圳的电子技术产业发展迅速，在研发试验品和调配零部件方面有较高便利性。

该公司不断研发出搭载有相机的无人机、带屏遥控器、一键返航与一键降落功能，短时间内便占领了市场。

如今，世界各国的军队、警察、消防等公共部门，也越来越多地开始使用大疆无人机。

044

H2L
触觉共享技术
日本
企业估值：不详
身处虚拟世界也有触觉

在虚拟世界中，一只鸟飞来落在你指头上的那一瞬间，你真的觉得有一只小鸟；看着在冲绳的红树林中划着皮艇前进的视频，你的手臂也能感受到来自水的阻力，仿佛自己也在划动船桨。这就是触觉共享技术。

所谓触觉共享技术，就是指利用肌肉传感器将手的动作信息和计算机进行互相传递，让人们在虚拟世界中的体验能尽可能地接近现实世界。开发这一技术的，就是位于东京江东区的新兴创业公司 H2L。

2019 年 1 月，该公司与 NTT Docomo 合作，宣布要利用大容量、超高速的 5G 技术为合作伙伴提供触觉共享服务，利用 H2L 的技术提供视频等 VR 内容。

预计今后 VR 和 AR 的全球市场将迅速扩大。据 2018 年 12 月美国调查公司 IDC 的预测，2022 年的 VR 和 AR 市场将达到 1223 亿美元的规模，

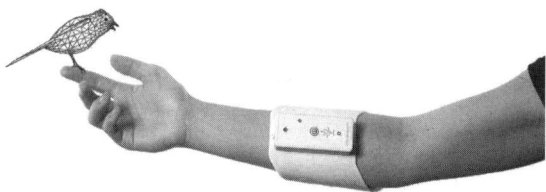

让虚拟世界的感受无限接近现实世界的 **H2L 触感游戏控制器**

2017—2022 年的年均增长率更是高达 70%。目前，H2L 的产品虽然还是以 VR 游戏、VR 视频、AR 游戏为主，但他们的商业用户已开始迅速增加。通过 VR 进行身体锻炼和工厂设备保养的市场也开始形成并扩大。

相隔两地也可以进行操作

随着 VR 的普及，出现了即使相隔两地也想要获得身临其境体验的需求。

工业领域更是迫切需要这样的技术。比如，要操作远在外地工厂的一台机器，能尽可能地接近实际操作的感受自然是最佳，因为这样一来，在真正需要操作机器的时候，肯定会更加安全，并且容易上手。如果能用 VR 技术进行远程练习，那效果等同于参加过实训。在 VR 应用更加多元的背景下，H2L 的技术蕴含着无限可能。

<table>
<tr><td rowspan="2">**045**</td><td>MATRIX Industries</td></tr>
<tr><td>温差发电
美国
企业估值：不详
通过体温进行发电的智能手表</td></tr>
</table>

2018 年，市面上出现了一款利用人体本身的体温进行发电的智能手表。该手表的发电机非常独特，是利用接触手表的皮肤与外界的温差进行发电的。通过温差发电的这款智能产品，除了常规的手表功能，还可对用户的卡路里消耗、活动量、睡眠情况等进行记录。

利用温差发电技术，热电发电机可将人体热能转换为电能，手表无须充电。另外，该手表可以自动记录用户每天的行走步数，监测睡眠质量。此外，它还具有 50 米防水功能，戴着去泳池或海里游泳都没有问题。

研发这款手表的公司是总部位于美国硅谷的 MATRIX Industries，这是一家提供温差发电解决方案的新兴创业公司，将人体热能转化为电能的发电机也是由该公司自主研发的。他们还研发了 DC–DC 转换器的高性能专用集成电路。

MATRIX Industries 的体温发电智能手表

温差发电装置

使用温差发电技术的第一款产品是智能手表，该公司计划今后还要将这一技术应用于其他产品中，例如耳机、助听器等。希望该技术今后可广泛用于低能耗可穿戴设备上。

研发温差发电设备和冷却技术

除了可穿戴设备，MATRIX Industries 还在研发可安装在 HVAC（暖通空调设备）上的温差发电设备。只需加装在商用或家用热交换器单元上，就可实现高能效发电。

MATRIX Industries 也致力于冷却技术。该公司研发出一种可降低密闭空间温度的被称为 TEC（热电冷却机）的设备，利用珀耳帖效应（通电后一端的热量向另一端转移）进行电热转换，从而产生冷却效果。

目前，市面上大多使用气体、发动机、空气压缩机等主流的制冷技术，而 MATRIX Industries 的冷却技术噪音小、能效高，不需要氟利昂。

MATRIX Industries 正在积极推动其冷却技术在各领域热电冷却系统的应用，例如保存数据的服务器、冰箱的制冷系统、冷藏车、电动汽车等。此外，该公司还计划研发有自我冷却功能的消防服、冷藏香槟的便携式冰箱等加装产品。

046	Mitsufuji 物联网可穿戴设备 日本 企业估值：不详 **支持可穿戴设备的基础技术**

2019 年 4 月下旬，位于日本京都府精华町的 Mitsufuji 公司发布了一款与华歌尔合作开发的新产品——可测量心跳次数等生命体征信息的可穿戴文胸。

Mitsufuji 将自主研发的导电纤维与通信设备相联通，由华歌尔将其制成文胸。他们请乐桃航空公司协助，让该公司的空乘人员试戴新产品，为职业女性进行健康管理。

在将收集到的生命体征信息交由医生检查后，再由 Medical Be Connect 公司进行压力分析，得出的结论是：空乘人员的压力与睡眠质量、工作成就感以及工作是否在能力范围内这三方面有关。

研发这种可穿戴设备技术的 Mitsufuji 成立于 1979 年，主要研发镀银导电纤维和物联网可穿戴设备。

镀银导电纤维可用于可穿戴感应器、电极、电磁波屏蔽器等，非常适合应用于智能可穿戴设备收集心电及心跳次数等生命体征信息。

Mitsufuji 目前正集中力量自主研发智能可穿戴系统 Hamon，该系统通过收集心电及心跳次数等生命体征信息帮用户进行健康管理，还可对肌电、呼吸频率、加速度、温度、湿度等进行监控。

服装、设备、应用程序都是自主研发

除了服装，Mitsufuji 还自主研发设备、手机应用程序以及系统。比如装载在衣服上，用于发送生命体征信息的小型发射器，带有防水功能的轻便可充电产品，等等。

可穿戴物联网设备正越来越受到关注，Mitsufuji 计划通过销售用于衣物导电纤维的产品来推动公司发展。日本调查公司 IDC 指出，2018 年上市的全球可穿戴设备数量接近 1.25 亿种，较前一年增加 8%。据该公司预测，2022 年的这一数字将直逼两亿种。

其中，特别是鞋类和服装类的销售量迅速增大，截至 2022 年年均增长率预计超过 36%。面对突然扩大的市场，Mitsufuji 将展开强烈攻势。

047	Preferred Networks 人工智能软件 日本 企业估值：21.8 亿美元 **吸引丰田的人工智能领域"小巨人"**

有一家位于东京千代田区的新兴创业公司，在人工智能相关领域，不断地与日本具有代表性的企业与研究机构，如丰田汽车、FANUC、日本国立癌症研究所等合作。它的名字叫 Preferred Networks。

它虽然是一家创立于 2014 年的年轻公司，但是在人工智能的深度学习方面已具有明显优势。该公司通过对大数据的高效处理与应用，助力自动驾驶、工业机器升级以及医学等领域的发展。

Preferred Networks 认为，在大数据时代，将所有数据集中在一处处理的集中处理方式和云计算并非最理想选择，他们提倡采用边缘计算这种对数据进行分散协调处理的算法，并为此研发平台。

将深度学习应用于自动驾驶领域

Preferred Networks 与丰田公司在自动驾驶领域进行合作，它们正在研发的技术是让人工智能通过汽车摄像头拍摄的车外物体进行深度学习，学习并识别周围的汽车、行人、自行车、行车线、信号灯、交通标识等。

人工智能还将自动学习白天黑夜的光线差别、雨雪等天气变化。Preferred Networks 要对自动驾驶可能遇到的所有状况提供技术支持，为丰田一向注重的安全驾驶助一臂之力。

Preferred Networks 在工业机器人研发领域与 FANUC 展开合作。该公司正在研发的技术就可利用人工智能来预测机器人故障。通过人工智能对正常的和出现异常的数据进行对比分析，在出现问题的几天前便可发出预警。

Preferred Networks 在医疗卫生领域也投入了较大研发力量。例如，一般是通过乳房摄影术等影像方法进行乳腺癌检查，但诊断准确率只有 80%。再加上血液检查的话，准确率可提高到 90%。在此基础上，如果让人工智能把患者的数据与过去的统计数据进行对比，其准确率可达到 99%。

以人工智能软件技术见长的 Preferred Networks 将进入新的研发领域，针对硬件技术进行自主研发。

研发深度学习处理器

为了开展对软件控制机器人的研究，2019 年 2 月，该公司在日本东京大手町建了一个名为 Mecano 工房的实验室。技术人员通过快速原型技术制作机械手等试验品，并验证其使用效果。

Preferred Networks 还在研发对人工智能数据处理来说不可或缺的半导体。该公司研发的深度学习处理器 MN-Core 芯片，非常适合深度学习的矩阵计算。在 2018 年 2 月召开的展览会上，该公司公开展示了 MN-Core 中央处理器、主板、服务器等一系列自主研发的深度学习硬件。

不久前，Preferred Networks 从丰田获得超过 100 亿日元的融资，从 FANUC、日立制作所、瑞穗银行以及三井物产等得到超过 20 亿日元的资助。我们期待 Preferred Networks 能够凭着先进的人工智能技术，助力日本企业不断提高竞争力。

	Vicarious
048	机器人智能化软件 美国 企业估值：不详 **像人类一样思考学习的机器人**

总部位于美国旧金山的新兴创业公司 Vicarious，曾经因脸书创始人马克·扎克伯格、亚马逊首席执行官杰夫·贝索斯和特斯拉首席执行官埃隆·马斯克等人的投资而名声大噪。

打动这些世界知名企业领导人的是 Vicarious 提出的愿景——打造跟人类一样思考的人工智能。

我们知道，目前大部分的工业机器人是通过事先编入的程序进行控制的，但这种对机器进行训练的过程，是要耗费大量的时间与资金的。

为了解决这一问题，很多人工智能企业采用的方法都是通过人工智能的深度学习，让机器人学会解决办法。

Vicarious 却采取了不同的解决方案。他们试图研发仅通过有限的案例就懂得举一反三的人工智能。人类仅通过几个案例的学习就可以将事物一般化，该公司认为人工智能也可以做到。

无师自通

深度学习是一种需要提供大量数据的学习模式，就像是给机器人配备了老师，而 Vicarious 则把研发重点放在了无师自通模式上，也就是要研发出不依靠程序设计、能够在各种环境中做出和人类几乎一样判断的人工智能。

Vicarious 把焦点放在了与视觉、听觉相关的大脑新皮质的研究上，根据人脑计算原理开发的人工智能软件被称为"AGI"（通用人工智能）。

利用这种技术研发的人工智能机器人，在阅读完说明书后便可以自己组装家具。通用人工智能可应用的领域非常广，包括制造、农业、运输、医疗、物流等。Vicarious 的目标是通过通用人工智能提高机器人在各个领域的性能。

Vicarious 成立于 2010 年，由斯科特·菲尼克斯和迪里普·乔治联合创立。此前斯科特·菲尼克斯曾与他人创办过一家公司，专门研发利用平板电脑在短时间内就可完成问卷调查的技术。迪里普·乔治是一名人工智能和神经科学研究人员，出生于印度。截至目前，Vicarious 已获得总额超过 1.2 亿美元的融资，研究人员超过 50 人。2018 年 10 月，该公司又通过总部位于美国硅谷的风险投资基金获得了几家日本企业的投资。

要让机器人能够像人类一样对世界做出概念性理解，这样的人工智能开发技术的确很难，然而，如果 Vicarious 能够根据人脑的计算原理实现通用人工智能，就有可能彻底地改变机器人产业。

第9章	共享出行
049	滴滴出行 网约车 中国 企业估值：560 亿美元 **进军日本的中国网约车巨头**

中国网约车巨头滴滴出行正在加速开展对日本市场的攻势。由该公司与软银共同出资成立的合资公司——滴滴出行日本，于 2019 年 4 月 24 日宣布将在东京和京都提供网约出租车服务。该公司已于 2018 年 9 月开始在大阪府推出这项服务，接下来将开始面向全日本正式推广业务。

2019 年内，继东京与京都之后，滴滴出行要在北海道、兵库县以及福冈县等地区的 10 个城市开展业务。该公司主要是为中国游客到访较多的城市提供服务。

滴滴出行的经营方针是要争取国庆节、春节期间访日的中国游客。滴滴出行在全球拥有 5.5 亿用户，大部分来自中国。对于中国用户来说，如果能在日本使用平时用惯的手机应用程序，会感到十分方便。

2018 年访日的中国游客突破 800 万人次。对于日本的出租车公司来说，这些中国游客都是潜在的乘客。借助手机应用程序，司机与乘客之间即便存在沟通障碍，乘客也能顺利到达目的地。

滴滴出行的支付方式十分便捷。加入滴滴出行平台的出租车，除了可以通过预先绑定在手机应用程序上的信用卡进行支付外，今后还能通过软银与雅虎合作的手机支付服务 PayPay 进行支付。

通过与雅虎的合作推广网约车服务

当然，获得日本用户也是他们的目标之一。在"Yahoo! 换乘指南"手机应用程序的路线查询页面上，在移动方式选择中有一项便是通过滴滴叫车。只要点开画面中的"打开 App"，就可以跳转到滴滴出行的应用程序页面，预约出租车。

2019 年夏天，滴滴出行推出积分服务，即使用滴滴出行的次数越多，用户可以获得的优惠也就越多。根据消费金额，用户的会员等级也可以上升，享受更大的优惠力度。此外，还开展了通过应用程序支付（使用应用程序内预先绑定的信用卡支付）免迎客费的优惠活动。

日本的 Japan Taxi 也在 47 个都道府县开展了网约车服务，DeNA 与索尼的新公司也推出了同类服务，竞争愈演愈烈。后加入的滴滴出行能否在访日游客和日本用户中获得一席之地，让我们拭目以待。

滴滴出行成立于 2012 年，自网约车服务上线以来，用户数量急速增长；2016 年收购了优步的在华业务，获得阿里巴巴、腾讯、百度三家中国互联网巨头的投资。

滴滴出行在中国国内市场中具有绝对影响力，同时，也开始进军海外市场。日本市场是滴滴打开国外市场的一块试金石。通过与优步以及东南亚 Grab 的竞争，滴滴出行正在转变为一家跨国企业。

050	Drivezy 共享车辆 印度 企业估值：4 亿美元 **一天 320 日元的印度共享车辆服务**

从移动出行容易普及的环境与市场来看，有一个不容忽视的国家，那就是拥有超过 13 亿人口的印度。

在尚不具备完善的固定通信网络时就引入了无线通信技术的印度，智能手机正在迅速普及。大家应该注意到了，新兴国家有时会出现这种跨越式发展。在印度的移动出行领域就有可能出现这种跨越式发展。

印度的私家车普及率不到 3%，因此，按小时租借汽车或摩托车的共享车辆服务很受欢迎。

"我们的业务正处于急速上升期。"2015 年在印度班加罗尔创立车辆共享公司 Drivezy 的联合创始人兼首席执行官艾西瓦力亚·辛格说道。

致力于摩托车共享业务的联合创始人阿比西克·玛哈江

月成交总额成倍增长

该公司2019年3月的成交额为350万美元，与上年同期相比翻了一番。2019年1—3月，每月用户数更是增加到原来的3倍。

价格合理是Drivezy共享车辆服务广受欢迎的原因。虽然不同的套餐价格不同，但总体来说，平均一天只需200卢比（约320日元）就可以租到一辆摩托车，只要行程在160公里以内就不收汽油费。汽车则是在120公里以内不收汽油费，一天的费用也不过1000卢比。

另外，该公司还利用信息技术，引入使车辆的借出方和租借方都能够放心使用的机制。那就是在车辆上安装GPS全球定位系统终端，实时把握车辆的行踪。该公司正在开发新系统，目的是在发生车辆被盗等意外事件时，能够通过远程遥控让车辆引擎熄火。

将科技与印度人的习惯相结合

在印度，一直都有几家人或几个朋友合用汽车的习惯，Drivezy正好利用科技将这一习惯转化为最新的产业。结合共享车辆与共享出行，产生了新的商业模式。Drivezy的联合创始人阿比西克·玛哈江指出："有些人虽然没有私家车，但可以通过租车成为平台司机，再开车赚取收入。"

始于印度的共享车辆服务，其发展模式在其他发达国家是无法想象的。

051

GO-JEK
网约车与宅配服务
印度尼西亚
企业估值：95 亿美元
按摩师和修理工也能上门服务

GO-JEK 是印度尼西亚一家正在急速发展的提供移动出行服务的新兴创业公司，其主营业务是网约摩的。此外，他们还提供许多特色服务，比如外卖送餐、按摩师上门、把忘在家里的东西送到公司等。

GO-JEK 成立于 2010 年。创始人纳迪姆·马卡里姆注意到摩的司机通常要花很长时间到处拉客，便决定成立这家网约摩的公司。马卡里姆从美国布朗大学毕业后，在麦肯锡公司担任企业顾问，之后又在哈佛商学院取得工商管理硕士学位，是一位不折不扣的精英人士。

公司最初只是在客户服务中心开设网约车业务。后来，2015 年网约车手机应用程序上线，在短时间内就收获了大量用户。

该公司擅长聆听用户意见，根据用户需求相继开展网约车以外的多种服务。

比如提供餐饮配送服务的"GO FOOD"。无论是高级饭店的精致菜肴，还是美食广场的平价菜品，都可配送至用户家中或工作场所。目前，印度尼西亚全国已经有 10 万家餐馆加盟该服务。

该公司同时开展快递业务，能够配送各种包裹，还有电影票订票服务，以及通过手机应用程序在用户下单 1 小时以内由最近的药店配送药品等服务。

在其特色服务中还包括按摩师预约上门服务，称作"GO MASSAGE"，

24 小时营业，全年无休。这些被称为治疗师的按摩师都拥有 3 年以上工作经验，事先必须通过无犯罪经历的身份调查。此外，公司还提供美容领域专业人士上门服务，可以提供美甲、美发、面部护理等服务。该服务被称为"GO GLAM"。

应对路况欠佳地区的措施

GO-JEK 针对路况欠佳地区提供汽车修理、加油、更换电池、洗车等服务。另外，GO-JEK 还提供家政人员上门服务。除清扫、拖地、清洁浴室外，还提供厨房清洁、熨烫、衣物整理等服务。

GO-JEK 也在加速拓展海外业务。2018 年 9 月进驻越南，计划进一步扩大东南亚市场。凭着网约车等多种服务，GO-JEK 努力在各个国家和地区站稳脚跟。

052

Grab

网约车与支付服务

新加坡

企业估值：140 亿美元

网约车、共享单车与支付服务

发源于中国，依托智能手机平台实现爆发式增长的共享单车服务，正欲吞食东盟国家的市场。而这一地区的执牛耳者，却是提供出租车约车服务的新加坡公司 Grab。该公司于 2018 年 3 月 9 日正式宣布加入网约车市场。

只要打开手机应用程序，就能在地图上看到附近空闲的自行车。扫描车上的二维码，在完成个人认证后，自行车便能自动解锁。支付可通过手机进行，用完的自行车也不用放回原处。

不过，这似乎和在中国以及其他国家出现的共享单车服务没有什么区别。Grab 的独特之处在于其宣称的"东盟首个共享单车虚拟商店"这一概念。在新加坡，不同公司的单车亦可以共享。目前，包括 oBike 在内，

共享单车虚拟商店

共有 4 家公司加盟这一服务。如此一来，用户使用单车时可选择的范围更广，同时也解决了附近无车可骑的难题。

同时，加盟公司也能获得极大的收益。对此，oBike 的总经理蒂姆·冯先生解释道："我们可以向 Grab 的海量用户提供服务。单凭我们公司自己的力量要想获得这么多的用户，需要漫长的时间。"

事实上，截至 2018 年 5 月，Grab 的 App 下载量已超过 9900 万次。Grab 下设风险投资部负责人卢本·莱更是对共享单车业务寄予厚望。他说："这是一个有利于用户、合作企业以及 Grab 三方的三赢模式。"

出生于马来西亚的陈炳耀和他美国哈佛商学院的同学陈慧玲于 2012 年成立了 Grab，该公司最初以出租车约车服务为主，后来逐步扩大业务范围。2014 年，该公司从软银集团成功获得 2.5 亿美元融资。这是 Grab 创立以来获得的首笔大额融资。之后，该公司接收了软银委派的总经理，经营逐渐步入正轨。2018 年 3 月，Grab 宣布从优步手中收购其在东盟国家的全部业务，进一步巩固了企业根基。

改变"可怕的出租车"这一印象

据说，陈炳耀创业的初衷是回国时听到外国来的朋友说"坐出租车真是一段可怕的经历"，还说会被骗取钱财、遭遇危险等。不只是马来西亚，整个东盟国家的出租车服务质量当时仍处于较低水平。

于是，陈炳耀和陈慧玲二人就萌生了借智能手机普及的机会，开发一款提供安全出行服务的出租车约车应用程序的想法。他们在马来西亚成立公司，先是在 2013 年进入菲律宾和新加坡市场，2014 年又在越南和印度尼西亚开展业务，同年将总部迁至新加坡。

除了出租车约车服务，他们还推出了普通轿车和摩的的出行服务，扩大了业务范围。目前，他们提供 10 多种服务，包含顺风车和共享单车，服务范围覆盖 8 个国家 217 座城市，Grab 应用程序的注册司机数量超过 240 万名。截至 2017 年 11 月，公司共完成 10 亿次移动出行服务，网约车平台所占市场份额为包含印度尼西亚和新加坡在内的 6 个东盟国家中最大。

与主打私家车约车的优步不同，Grab 主要和出租车公司合作。此外，它还提供摩托车以及廉价的巡回区间公交车等出行方式。

Grab 高速成长的背后，软银的影子若隐若现。除了 Grab，网约车开拓者优步也接受了软银的投资。Grab 和优步在东盟国家展开了激烈的竞争。两家公司在确保司机以及扩大宣传方面的开销不断加大，同时也在竭力避免两败俱伤的局面出现。

为此，优步向 Grab 提出了东南亚业务的转让协议。优步取得 Grab27.5% 的股份，同时，其首席执行官达拉·科斯罗萨西出任 Grab 的董事，以便今后为优步获取相应的投资利益。

改变游戏规则的 Grab Pay

当然，Grab 也并非只依靠软银的协助来扩大业务规模。首席执行官陈炳耀强调："真正改变游戏规则的是 Grab Pay。"

2016 年 12 月上线的 Grab Pay 是 Grab 向其用户提供的移动支付服务。Grab Pay 不仅可以用来支付 Grab 提供的各项服务，还可以在合作方的电商网站购买商品、通过手机扫描二维码支付用餐费用等。

Grab 以网约车服务为主，同时希望吸引各种各样的商家入驻 Grab Pay 移动支付平台。因为通过该平台可以享受各种服务，所以也吸引了不少用户，而大量的用户又能进一步吸引更多的商家入驻。

"Grab 经济圈"已然在东南亚消费者心中扎下了根。

053

来福车（Lyft）
网约车
美国
企业估值：220 亿美元
对优步紧追不舍的竞争者

在美国，如果有人问："能够威胁到网约车巨头优步的是哪家公司？"相信会有很多人异口同声地回答："来福车。"

通过手机应用程序叫车，在几分钟后车就能来载着用户到达目的地。在这一点上，来福车的服务和优步没有多大差别。来福车在为用户提供越来越便捷的服务的同时，不断完善服务内容，持续发展。截至 2018 年，来福车用户人数量已超过 3000 万名，司机数量超过 200 万名，在美国市场的占有率达三成，拥有较大的影响力。

来福车成立于 2012 年，由现任首席执行官罗根·格林等创办。格林毕业于加利福尼亚大学圣芭芭拉分校，学生时代就提出了针对长途旅行的拼车服务这一构想。2007 年成立的 Zimride 拼车服务公司，便是来福车的前身。

来福车是通过手机应用程序来匹配乘客与附近的车辆。乘客可以分 5 个等级对司机进行评价，只有差评较少的优秀司机才会被允许继续提供服务。

除了约车服务，来福车还提供拼车服务，将去往同一方向的多名乘客进行匹配，使每个人花较少的费用就能到达目的地。乘客也可选择 6 座以上的车辆或是黑色高级轿车。

为吸引司机提供英语课程

为了能够吸引更多司机加入，来福车做了不少努力。比如为司机开设的银行账户不是普通账户，该账户绑定的银行卡在超过 2 万台 ATM 机上操作时无须支付手续费。另外，司机使用银行卡购买汽油或食品时会有 1%—4% 的现金返还优惠。

来福车还向司机提供最高为 5 折的车辆修理折扣。一旦车辆发生故障，就会有来福车的移动服务车赶来维修。这一服务已在加利福尼亚州开展。

来福车亦向外国司机提供教育支援，通过提供线上英语课程来提高司机的英语能力，另外还发行有利于考大学或找工作的英语能力证书。来福车通过踏踏实实的努力，不断吸纳新司机加入，这也是其成为优步竞争对手的有力资本。

来福车于 2019 年 3 月在美国纳斯达克股票市场正式上市。根据首日收盘价，该公司的总市值高达 220 亿美元。其中，来福车的最大股份持有者是乐天，在其上市前持有 13% 的股份。来福车上市后乐天获得了巨额的上市利润。

	Ola ANI Technologies
054	三轮摩托约车服务
	印度
	企业估值：60 亿美元
	提供三轮摩托约车服务的平民共享出行

在印度，随处可见三轮摩托车。这也是一种出租车，后面能坐两个人。虽然费用低廉，但出于担心司机不能将自己安全送至目的地，很多游客望而却步。

ANI Technologies 彻底改变了这一印度代表性的交通工具。该公司成立于 2010 年，总部最初设于孟买，以"Ola"品牌开展三轮摩托约车服务，后来总部迁至班加罗尔，于 2014 年增加了出租车约车服务。

在印度，出租车很少在街上串街揽客。此外，由于司机经常迷路，交涉车费也是一大难题。Ola 提供的服务使用户通过手机应用程序不仅可以叫到包括三轮摩托在内的出租车，还能在出发前就了解费用。同时，应用程序还能为司机导航，因此用户量猛增。之后，Ola 又相继推出出租车拼车、租车、共享汽车、共享摩托车和面向大学生的共享单车等服务。

与软银和铃木汽车联手

日本的企业也十分关注 Ola 的发展。2017 年，软银出资 3.3 亿美元。此后又增加投资，如今软银已持有 ANI Technologies 公司 25% 的股份。

2017 年，在印度汽车市场销售量第一的铃木汽车也通过其当地子公司 Martuti Suzuki 与 ANI Technologies 展开合作。铃木汽车通过 Ola 招到有意开出租车的人，并对他们进行驾驶培训。

铃木汽车计划培养 4 万名司机，让他们在当地的销售点学习驾驶。铃木汽车还为受训者介绍可获得贷款的金融机构。这项举措有助于铃木的汽车销售业务开展。

获得了如此强力的支持，ANI Technologies 开始加速推进发展战略。2018 年收购了主营食品配送的空腹熊猫（Foodpanda India），继而进军澳大利亚市场，在悉尼和墨尔本等地开展业务。

055	优步科技 网约车与宅配服务 美国 企业估值：670 亿美元 **致力于开发飞行汽车的网约车王者**

"简直就是神奇的飞毯。"针对美国优步科技提供的拼车服务，住在旧金山市的一个软件行业巨头企业的员工如此评价道。之后，他又补充说："现在简直无法想象没有优步的生活。"

通过手机应用程序，将提供私家车的人与想要出行的人联系起来，这就是优步提供的服务。无论想要拼车的乘客身处何地，司机都会开着自家车飞快赶来，只收取很少的费用就将乘客送到目的地。

年用户量超过 9 亿人次

优步于 2010 年在旧金山市推出网约车服务。如今，在全世界 80 个国家和地区的超过 600 个城市中都可以使用优步，其用户数量仅司机就超过

不断进行驾驶试验的优步无人驾驶汽车

300 万人。利用拼车服务的用户一年更是高达 9 亿人次。

笔者在纽约和旧金山等地进行了实验,发现一般叫车之后 2—4 分钟车辆就会抵达。优步全球运输政策主管安德鲁·萨尔茨贝格骄傲地说:"我们能够调度的车辆数仍在增加,在美国主要城市的很多地方,等车时间不超过 5 分钟,比出租车方便很多。"

截至 2017 年 6 月,一直都是由优步创始人兼首席执行官的特拉维斯·卡兰尼克带领优步向前发展。卡兰尼克以他杰出的领导能力让优步迅速扩大规模。然而,随着后来辱骂司机、对职场性骚扰问题回应不及时、企图盗取竞争对手机密情报等丑闻频发,卡兰尼克最终下台。

创业者的丑闻对于自上而下的初创公司来说是一个致命打击。2017 年 8 月,困境中的优步迎来新一任首席执行官——美国在线旅游公司(Expedia)的首席执行官达拉·科斯罗萨西。

"从内心出发,做正确的事,而不是为利益服务。"这是科斯罗萨西秉持的理念。为改变优步为了发展不择手段的风气,他不停地与员工谈话,在公司内部讨论来自 1200 多名员工的改革建议,并制定行为规范。

优步确实焕然一新。现在,它经常与之前一直处于对立状态的出租车行业以及政府部门交流意见,进行合作。不仅与新加坡出租车公司开展合作,向出租车提供优步应用程序服务,还和日本的出租车公司开展合作。

除了网约车服务,优步还着力开展能够将餐厅的食物送到家中或是工作场所的食物配送——UberEats 业务。在日本的大城市,时常能看到骑着自行车来回穿梭的送餐员的身影,他们背着黑色的正方形背囊,上面画着 UberEats 的标识。

躺在沙滩上也能立刻收到送餐

"由于定位信息精度高,即使躺在加利福尼亚的沙滩上,你想吃的菜品也能快速送达。以前从未有过这种令人愉悦的服务。"优步副总裁兼 Uber Everything 项目的负责人杰森·德鲁奇强调道。

"车对于优步，就像书对于亚马逊一样。"科斯罗萨西将公司的发展战略类比为亚马逊从书到家电、杂货、食品等不断拓展商品种类，将用户已经习惯的拼车应用程序变成一个平台，并在这个平台上开展多样服务。

优步不仅将运送的对象从人扩展到货物，还对运输工具发起变革。

优步在无人驾驶技术的研发方面投入了大量精力，有 1750 名技术人员负责这一项目。现已开发 200 多辆无人驾驶汽车，目前正在美国和加拿大的 4 个城市进行测试，即搭乘普通用户进行驾驶试验。行驶里程目前累计超过 300 余万公里，不断收集可实际应用的无人驾驶数据。在无人驾驶汽车的使用规模与累计行驶里程这两方面，优步已将大多数汽车生产巨头甩在了身后。

优步的目标是研发出针对无人驾驶汽车拼车服务的基本操作系统，并出售给全球的汽车制造商。

同步研发飞行汽车

"运输工具不仅限于车辆。我们要研发空中飞行汽车，让原本驾车两小时才能到的距离只要 9 分钟就能到。"首席产品官杰夫·霍尔登说道。

优步正在研发利用发动机和蓄电池驱动的直升机，计划 2020 年以前在美国达拉斯等地进行试飞，2023 年以前实现商品化。优步已和美国直升机行业巨头贝尔直升机、巴西飞机制造商、巴西航空工业公司等 5 家企业展开合作，同时雇用 NASA 的技术人员加速开发进程。

"不仅仅是极少数的有钱人，我们希望所有人都能够以合适的价格获得这项服务。"霍尔登对此十分有信心。优步计划将数千架飞行汽车投入运营。

被寄予在众多领域引发运输革命厚望的优步，于 2019 年 5 月 10 日在美国纽约证券交易所上市。首日收盘价 41.57 美元，较发行价 45 美元低 8%。虽然总市值高达 760 亿美元，但其逐渐显现出巨额赤字等收益方面的问题。

2019 年 5 月底，优步首次公布了当年度 1—3 月的结算报告，销售额为 31 亿美元，相比上年同期增长 20%，但最终亏损约 10 亿美元。竞争的激化，付给司机的费用水涨船高，这些都对优步的利润产生了影响，股票总市值也减少至 670 亿美元。

想要引发运输革命的优步，若是无法确保主打产品网约车服务的盈利模式，开拓未来也就无从谈起。

第**10**章	**移动出行**
056	GLM 电动汽车制造商 日本 企业估值：不详 **诞生于京都大学的电动车"幕后英雄"**

"与其成为电动汽车领域的特斯拉，还是想将精力投入电动汽车平台的研发上。"2018 年 3 月，诞生于京都大学的 GLM 公司发表的这一研发战略，引起了整个汽车行业的关注。

在那之前，GLM 作为日本的"特斯拉"，一直致力于研发自主品牌的电动跑车。该公司于 2014 年发布名为"TommykairaZZ"的电动跑车，并宣布还将投入研发日本的第一辆四座电动超跑 GLM G4。

在 2016 年巴黎车展上，GLM G4 电动超跑概念车首次公开亮相，引起了轰动。它拥有可自动升降的车门，车身线条流畅，最大输出功率为 540 马力，百公里加速时间为 3.7 秒，最高时速可达 250 公里，最大续航里程可达 400 公里。

那么，GLM 公司为什么要改变发展战略，将研发力量集中在电动汽车平台的开发上呢？

包括中国在内的不少国家对电动汽车领域的关注度越来越高，各国政府也给予大力支持，投入研发的制造商急剧增多，电动跑车也陆续出厂。

在这当中，有不少制造商找到 GLM 寻求帮助。2017 年，GLM 接受香港奥立仕控股有限公司的投资，开始考虑调整商业模式，为中国等国的汽车制造商提供电动汽车研发支持。

提供电动汽车平台服务

GLM 利用其自主研发的技术，为汽车制造商的电动汽车批量生产及研发提供帮助。另外，该公司还在零部件、材料、化学、IT 等汽车相关领域的技术研发方面投入力量。

GLM 研发的电动汽车平台，不但用于自有品牌的车辆，还提供给其他制造厂商。在这里，汽车平台是指包括车架、底盘、悬架等车体部分以及发动机、蓄电池等构成的驱动系统。GLM 的平台也支持先进驾驶辅助系统（ADAS）和车载软件空中下载（OTA）。

为了给合作伙伴提供平台，新建研发中心

2018 年 11 月，GLM 新成立了一处研发中心。这是一幢四层建筑，面积有 2151 平方米，一楼、二楼是研发车间，三楼、四楼是总部办公室。

为了推进平台项目，一楼是开放式研发车间，合作伙伴可自由参观。二楼是汽车与零部件研发车间，不同的项目组也可在这里工作。

GLM 与欧力士科技租赁公司展开合作，开始租赁电动汽车平台。该公司还与京瓷、帝人两家企业携手进行电动汽车的技术研发。

电动汽车今后也许会发展成为一个巨大的市场。然而，作为整车制造商参与这场竞争，世界各地的竞争对手数量实在太多。因此，GLM 改变战略，要做一个"幕后英雄"，谋求更加长远的发展。

057	蔚来汽车 电动汽车 中国 企业估值：66 亿美元 **来自中国的电动跑车**

我们能看到下图中跑车流畅的车身线条，车子蓄势待发，耳边似乎已经传来引擎的"轰轰"声。这款跑车速度非常快，时速高达 313 公里，但是引擎却不会发出声音。因为，这是一辆电动汽车。

这里是位于中国上海的电动汽车新兴创业公司——蔚来汽车的公司总部。"世界上最快的汽车，变成了世界上卖得最快的汽车。"2017 年 5 月下旬，负责接待笔者团队的是蔚来公司广告部负责人，他自豪地介绍了该公司刚开始预约销售的电动跑车 EP9。负责人指着墙上的"6 分 45 秒 90"告诉我们，这是他们 2017 年 5 月 12 日在德国纽博格林赛道刷新的最新世界纪录。

中国电动跑车 EP9

纽博格林赛道全长约 20 公里，为了比拼汽车性能，全世界的汽车制造商都会把汽车开到这里进行较量。EP9 在 2016 年秋季就创造了电动汽车的世界最快纪录，2017 年 5 月不仅将这一纪录缩短了将近 20 秒，竟还把德国的保时捷和意大利的兰博基尼甩在了身后。

"不光是外表，技术层面也符合高档车的定位。"副总裁朱江充满自信地说道。驾驶室内采用轻型材料 CFRP（碳纤维复合材料），最大续航里程可达 427 公里，每辆车售价为 148 万美元。此前预售的 6 辆车，车主为腾讯创始人马化腾等人。公司决定再生产 10 辆。

中国的电动汽车热潮

中国的汽车行业目前正处于电动汽车热潮中。包括公交车等商用车在内，以电动汽车为主的新能源汽车，2016 年销售总量为 50 万辆，是 2015 年的 1.5 倍。

从 2010 年起，中国政府不断加大对新能源汽车的扶持力度。如果再加上各地方政府的扶持，平均每辆车最多可获得约 6.6 万元人民币的补贴，给电动汽车商家提供了良好的销售环境。上海等一部分城市的居民为了拿到汽车牌照需要花费数万元，但购买电动汽车的话即可免除这部分费用。目前，中国的电动汽车生产商多达 200 家。

蔚来汽车凭着"世界最快"的招牌加入了电动汽车市场的激战中。虽然它只是一家 2014 年新成立的年轻公司，但其创始人李斌却是一位实业家，早年还成立了汽车互联网公司，并在美国上市。

蔚来公司在美国硅谷设立了自动驾驶技术和人工智能的研发部门，在德国慕尼黑设置设计中心。该公司拥有来自日本、美国及欧洲约 40 个国家从事汽车制造和 IT 业的 2000 多名员工。

该公司推出的第一款产品是文章最开头出现的 EP9。虽然销售量暂时为零,但是蔚来计划对铝合金车身的电动越野车 ES8 进行量产。蔚来目前已经投入 30 亿元成立基地,生产自主研发的蓄电池和发动机,将于 2020 年将自动驾驶汽车 EVE 投放到美国市场。

蔚来汽车虽然没有上市,但企业估值超过 10 亿美元,是一家独角兽企业。根据美国调查公司 CB Insights 的报告,该企业在 2017 年时估值已超过 28.9 亿美元 ①。投资人除了腾讯、百度、联想等中国互联网巨头以外,还有硅谷的风投机构红杉资本。

凭借强有力的资金支持,蔚来一路狂奔。副总裁朱江说:"我们的目标是雷克萨斯。"蔚来汽车似乎打算向专注于品质的丰田学一学。朱江说:"我们有很多创意,也许,我们会创造出比雷克萨斯更好的汽车。"

---

① 2019 年该数据达到 88 亿美元。

	Otonomo Technologies
058	汽车数据交易平台 以色列 企业估值：3.7 亿美元 **互联汽车的数据交易平台**

提供互联汽车数据交易的平台，这是从以色列新兴创业公司 Otonomo Technologies 开始的一项独特商业活动，一出现便引起了关注。

2018 年 2 月，NTT Docomo 旗下的风投公司宣布向 Otonomo Technologies 出资。通信企业之所以会对 Otonomo Technologies 产生兴趣，其原因在于 5G 通信技术应用后，将开启车联网时代。

车联网需要一直连接高速网络，因此会产生海量数据。GPS 信息、行驶速度、汽油消耗、蓄电池剩余电量等，各种数据简直就像一个聚宝盆。根据这些数据便可以掌握汽车使用情况以及驾驶员的行为。

与汽车制造商、TSP 企业合作，获得海量数据

Otonomo 与几十家汽车制造商、TSP 企业以及数据利用企业合作，获得海量数据。该公司对各种车辆数据进行匿名化处理，并实施安全措施，做成一个可交易的平台。利用这里的数据，第三方企业可开发新应用或新产品。

那么，会有哪些企业需要车联网数据呢？其实，为自动驾驶提供不可或缺的地图信息以及停车服务的企业，都十分渴望这些数据。

当然，汽车零部件制造商和提供相关服务的企业也需要这些数据。对

于这些企业来说，如果能够获得详细的汽车使用信息，就能开发更好的新产品。由于能获得难以入手的宝贵数据，Otonomo 的合作者越来越多。零售商如果掌握了汽车行驶数据，就可以决定店铺的位置和营业时间；保险公司如果能了解到驾驶员的驾车情况，就可在将风险细化后制定收费标准，推出更好的产品。

有利于驾驶员的新服务

有效利用车辆数据，能为驾驶员提供新的服务。比如，为汽油即将用完的汽车提供周围加油站的打折信息；为剩余电量不多的电动汽车提供充电桩位置信息；等等。

Otonomo 公司成立于 2015 年，已获得超过 5000 万美元的融资。在较短的时间内，它已经成为新的实力派公司。

059	Volocopter 飞行汽车制造商 德国 企业估值：不详 **电动飞行汽车**

下图中有一辆正要起飞升空的汽车，外形像安装了 18 个旋翼的小型无人机。这就是德国新兴创业公司 Volocopter 研发的直升机 Volocopter 2X。

Volocopter 2X 的旋翼由电动发动机驱动，不会像直升机那样发出轰隆隆的噪音，因此非常适合在市区有限的空间里进行升降。

机上的操纵杆类似于游戏操纵杆，易于操作。即便驾驶员双手离开操纵杆，操纵杆也不会动。在一定范围内，这款飞行汽车可保持自动飞行模式。

Volocopter 公司研发的飞行汽车

螺旋桨、发动机、电池组、电子器件等通过光纤进行连接，机上装有控制系统和平稳飞行支持系统。

与结构复杂的直升机相比，这款产品结构简单，因此可节省维修和翻修费用。

早在 2016 年，Volocopter 的直升机就取得世界首个载人飞行许可。从 2017 年 9 月起，该公司与迪拜当局合作，开始了飞行出租车的飞行试验，2019 年在新加坡也开始该项试验。通过不断的飞行试验积累经验和数据，Volocopter 计划正式推出空中飞行服务。

英特尔、戴姆勒等多家公司出资

在交通拥堵的大城市里，人们对空中飞行汽车的关注度越来越高。希望把像 Volocopter 的产品一样低噪音的电动直升机作为出行工具的声音越来越大。

当然，在这个领域也存在不少竞争对手。除了优步，美国航空制造业巨头波音公司也在集中力量进行研发。

即便如此，已经开始试飞的 Volocopter 仍然在这一领域占据领跑地位。接受美国半导体巨擘英特尔和德国汽车制造巨头戴姆勒的资助后，Volocopter 公司计划在 3—5 年内实现产品的商品化。

060	小鹏汽车 电动汽车 中国 企业估值：37 亿美元 **让特斯拉警惕的中国新兴制造商**

"离职员工泄露了自动驾驶的商业秘密。"这是 2019 年 3 月，美国电动汽车制造商特斯拉状告中国电动汽车制造商——小鹏汽车的理由。

除了特斯拉，同样研发自动驾驶技术的苹果公司也在 2018 年向美国联邦调查局提起诉讼，认为该公司离职员工将商业机密泄露给小鹏汽车。

此后，小鹏汽车遭到一片质疑。然而，从另一个角度来说，能够让美国电动汽车和 IT 行业的两大巨头如此紧张，倒也佐证了中国新兴电动汽车制造商的实力。

小鹏汽车成立于 2014 年，于 2018 年发布了第一款电动越野车 G3，2019 年 3 月正式交付。随后，该公司又发布轿跑 P7，计划下一步正式销售。

特斯拉如此警惕小鹏汽车，其原因是中国将成为世界上最大的电动汽车市场。中国政府积极扶持电动汽车产业。特斯拉正在中国建造电动汽车的专用电池制造和车辆组装工厂。

特斯拉的中国对手

在中国，小鹏汽车有可能会成为特斯拉的竞争对手。其优越的加速性能，高达 300—500 公里的续航里程，外观设计和各项数据指标都紧随特斯拉的脚步。

刚看到 P7 时，会让人产生看到特斯拉电动轿跑的错觉。参加中国车展的记者看到 P7 后也说，"远看像特斯拉的车"。

特斯拉正在中国开办工厂，准备大干一场，却发现有人模仿自己的设计大量销售价格便宜的电动汽车，这种局面它自然不愿意看到。很多人推测，小鹏汽车正是因此遭到了特斯拉的起诉。

但也有观点认为，小鹏汽车不只是在模仿别人。该公司得到了众多代表中国技术的优秀企业的支持，阿里巴巴集团和小米、鸿海精密工业都向小鹏汽车投资。在软件和硬件两个领域领头羊们的大力支持下，小鹏汽车一路向前。

吸收前人的设计和技术，再加上大量的资金投入，小鹏汽车向电动汽车巨头特斯拉发起了挑战，要成为领导世界的电动汽车制造商。

第11章	物流
061	Flowspace 仓储服务 美国 企业估值：不详 **需要时才使用的按需仓储**

没有长期合同以及最低使用空间等限制条件，为用户提供全国范围内的按需仓储服务。在美国，提供这一服务的企业正在崛起，那就是总部位于洛杉矶的 Flowspace。

虽然一直以来都有很多提供仓库租赁服务的企业，但它们往往会对合同期限以及使用空间等做出种种限制。然而，Flowspace 以托盘为单位收取使用费，未使用空间便不收费。而且，该公司提供的服务还有一个与众不同之处，即租用的最短时间可以是一个月。

Flowspace 在全美拥有 500 处仓库。仓储货物既有服装，也有冷藏、冷冻等需要进行温度管理的商品，品种繁多。此外，他们还可提供仓库内的装箱及标签粘贴等服务。

不断增加的用户是那些电商平台上的商家。

Flowspace 与加拿大电子商务软件开发商 Shopify 建立合作关系，在接到顾客订单后，Flowspace 会对仓库中预存的商品进行整理、分类、打包，然后配送。美国的亚马逊以及全球 80 万家店铺都在 Shopify 的平台上运营网店。

"商品开发和市场营销交给你们，打包和配送交给我们！"这就是Flowspace 的口号。

有效利用闲置的仓储空间

Flowspace 提供的服务不仅对电商商家，对那些有闲置仓库的企业来说也有好处。只要仓库符合使用条件，企业登录 Flowspace 就可提供闲置空间，而且每月都能收到使用费。另外，Flowspace 还为这些企业提供便利的仓库管理软件。

Flowspace 成立于 2017 年，创始人是现任首席执行官本·伊彻斯和现任首席技术官杰森·哈弗。伊彻斯曾在美国环保婴儿用品公司 Honest Company 工作，哈弗则是一名软件技术人员。随着网购消费市场的不断扩大，Flowspace 也不断发展。截至 2019 年 4 月，该公司已融资 15.52 亿美元。

虽然亚马逊等公司目前势头正盛，但是作为未来可期的电商幕后英雄，Flowspace 正发挥着越来越重要的作用。

	FreightHub
062	货物运输服务 德国 企业估值：不详 **提供海陆空最佳物流方案**

从航空、船舶、铁路、公路等所有运输方式中，找到在速度和成本两方面都能满足顾客要求的组合，并提供数字化货运服务。这就是总部位于德国柏林的新兴创业公司——FreightHub 提供的服务。

虽然有很多企业提供综合物流服务，但都依赖于每家公司各自的运输网络，运费估算也得由各运输公司提供。

然而，FreightHub 提供的平台不仅可以对这些运输网络进行综合搜索，还能立即估算出运费并进行预约，同时可提供货物实时追踪服务。

例如，欧洲最大的家具电商 Home24，需要从 800 多家制造商中采购 10 万件以上的商品，特别是要从亚洲采购家具和室内用具，货物运送时间过长，库存管理问题突出。

因此，Home24 开始使用 FreightHub 公司提供的服务。通过 FreightHub 平台确定最佳运输组合方案，对发货等配送信息进行有效管理。使用这一服务可以让全球化配送变得更加容易管理，文件也可共享，也能轻松回应海关等机构的问询。

代办通关必要的文书

FreightHub 不仅可以给出满足顾客需求的最佳货物运输方式，提供详细的追踪信息，还可代办通关必要的文书，因而受到用户的支持。

亚马逊将自身平台开放给第三方卖家，将其库存纳入亚马逊全球的物流网络，这就是"亚马逊物流服务"（FBA）。FreightHub 公司亦可应对该项服务。

FreightHub 在处理顾客的货物时，会按照亚马逊的要求进行商品包装并准备托盘。顾客只要把亚马逊标签上传到 FreightHub 平台上，就会有工作人员把标签粘贴在商品上。

FreightHub 成立于 2016 年，在短短两年多的时间内就和 1000 多家企业建立了伙伴关系，并不断扩大规模。该公司正在发展成为一家提供欧洲、亚洲和北美之间海空物流的欧洲主要物流服务商，并从风投机构成功获得了超过 2300 万美元的融资。

063	普洛斯（GLP） 物流仓储设施提供商 新加坡 企业估值：94 亿美元 **在全球急速扩张的物流仓库大鳄**

随着电商的不断发展，对于物流仓库的需求也在不断扩大。一家全球化的企业正在日本急速成长。

2019 年 4 月，新加坡的物流巨头——普洛斯（GLP）的日本法人对外宣布，千叶县流山市的普洛斯流山项目二期工程计划新建 5 个物流仓库。包括已投入使用的仓库在内，该项目总建筑面积约为 90 万平方米——相当于 20 个东京巨蛋体育场，总开发费用高达约 1840 亿日元。

该物流仓库不仅是日本规模最大，同时还具备前所未有的多种用途。例如，仓库内设流山市正规托儿所，可容纳 20—30 人。另外，该物流仓库还为在深夜和早晨工作的驾驶员提供浴室和投币式自动洗衣机。

除了流山市，普洛斯在日本还运营着多家物流仓库。其日本法人自 2009 年成立以来便急速发展，目前在全日本已拥有 106 个物流仓库，总建筑面积达 558 万平方米。如今，该公司正在神奈川县相模原市建设与流山市规模相当的巨型物流仓库。

在世界各地不断建设巨型物流仓库

网购规模的不断扩大，造成对物流需求旺盛，这是全球性趋势。普洛斯的物流仓库在中国的总建筑面积为 2920 万平方米（包括正在开发的项目），在美国的总建筑面积约为 1620 平方米，分别是两国最大的物流仓库。普洛斯同时还在欧洲和巴西等地积极地扩大业务范围。

放眼全球，普洛斯旗下物流仓库的总建筑面积为 7300 万平方米，已成为世界上最大的物流仓库，其营运资金总额更是高达 640 亿美元。

体育用品、化妆品、汽车……

普洛斯建立的巨大网络吸引了众多全球化企业。电商中除了亚马逊之外，中国的京东商城也是普洛斯的客户。阿迪达斯、巴黎欧莱雅、雅诗兰黛、德国戴姆勒、BMW 等，这些国际知名品牌也都是普洛斯的忠实客户。

普洛斯的优势在于其专注于物流仓库领域，积累了高效的仓库设计和丰富的运营经验。该公司擅长利用传送带和机器人等自动化设备节省劳动力成本。

作为物流仓库的全球霸主，普洛斯的存在感正在不断提高。

<table>
<tr><td rowspan="2">第12章</td><td>健康管理</td></tr>
<tr><td rowspan="2">

Alpha Tau Medical
医疗器械
以色列
企业估值：不详

通过阿尔法粒子破坏癌细胞的 DNA
</td></tr>
<tr><td>**064**</td></tr>
</table>

目前，一种针对癌症治疗的新型疗法受人瞩目，其治疗方式是通过释放阿尔法粒子，破坏癌细胞的 DNA。

该技术的开发者是以色列的医疗新兴创业公司 Alpha Tau Medical。该企业新发明的放射线治疗法名为"Alpha DaRT"。这种治疗法是将放射性种粒植入肿瘤，利用阿尔法粒子释放的射线杀死附近的癌细胞。

据悉，对于那些 X 射线和伽马射线治疗效果不理想，或已经接受过放射治疗，或接受过化疗但效果不好的肿瘤，该疗法的效果值得期待。

该疗法还可与其他癌症治疗方法同时进行，人们希望这样能将对肿瘤周围健康组织造成的副作用控制在最小范围内。该治疗方案有望减轻患者的负担。此外，Alpha DaRT 疗法原则上不需要住院。

在临床试验中取得显著治疗效果

Alpha DaRT 疗法已在以色列和意大利实施，在以头颈癌为对象的临床试验中治疗效果显著。患者共 15 人，观察期为 30—45 天，完全奏效率（癌细胞缩小或被消灭的患者比例）达 73.3%，反应率为 100%，受试者出现的副作用也在容许范围内，且程度较轻。

2019 年 5 月，日本也开始临床试验。东京中央区的 HekaBio 公司向日本药品和医疗器械管理局提交了 Alpha DaRT 治疗计划的申请。该计划的受试对象为接受过放疗的再发性头颈癌患者，以及接受过放疗、内科治疗效果甚微且无其他治疗选择的再发性、难治性乳腺癌患者。目前，该项试验还在进行中，预计于 2021 年正式投入市场。

在世界各地推行临床试验的过程中，如果 Alpha DaRT 的治疗效果能够更加明确，那么它将作为新的癌症治疗方法在全球范围推广。

	亚拉文眼科医院（Aravind Eye Hospital）
065	医疗机构 印度 企业估值：不详

将贫困人群从失明中解救出来的印度眼科医院

在印度的 13 亿人口中，贫困人口数量占比很大，因眼科疾病而失明的人亦不在少数。由于贫困，也有些人因患了白内障却得不到及时治疗而失明。

有一家眼科医院，正致力于解决这一问题。它就是亚拉文眼科医院（Aravind Eye Hospital）。这家医院在南印度拥有 10 多家眼科专科医院，其运营模式极具特色。

该医院为没钱的患者提供免费治疗，向有钱的患者收取费用。实际上，在该医院施行的所有白内障手术中，有近一半的患者都是免费治疗，其中 35% 的患者只需支付 2/3 的治疗费，其余 18% 的患者支付超出成本的治疗费。收费等级分为 3 种。亚拉文的所有医院，全年完成 420 万次门诊、近 48 万例手术。其中，收费的手术有 24 万多例。

低成本医疗得以实现，靠的是麦当劳式的高效诊断及手术系统。亚拉文的主力医院每天进行的手术高达 200 例。手术室都是大房间，多台床位并列摆放，医生和护士流水作业，一台手术完成后立刻向旁边的床位移动，给下一位患者进行手术。像这样高效地给多位患者进行手术，可以削减医疗成本，而这在发达国家是无法想象的。

大幅削减人工晶状体成本

为了削减医疗成本，亚拉文眼科医院想方设法削减在白内障手术中需要用到的人工晶状体的成本，为此，成立了名为 Aurolab 的医疗器械制造公司。通过大幅削减流通成本及差价，使人工晶状体价格大幅下降。Aurolab 利用其积累的技术和经验拓展生产领域，除眼科用药之外，还制造心脏血管缝合线、显微手术缝合线以及消毒药等。

亚拉文眼科医院的创始人是高宾德帕·文卡塔斯沃尼医生。为了让穷人也能接受治疗，他开办了亚拉文医院。除了开办医院，他还通过自家 Aurolab 医疗器械制造公司提供手术用品、医疗器械，并生产药品，从而实现低成本医疗。

当然，这一模式同样适用于除印度以外的、贫困阶层较多的新兴国家。由 Aurolab 制造的人工晶状体等医疗用品的出口量正在不断增加，亚拉文模式正在影响着世界。

066

Calico
抗衰老研究
美国
企业估值：不详
谷歌系抗衰老研究初创公司

2013 年，美国谷歌成立了一家研究抗衰老的公司 Calico，其总部位于美国硅谷。关于该公司的设立目的，谷歌创始者拉里·佩奇这样说："这是一家关注健康、幸福和长寿的公司。"

正如佩奇所说，Calico 致力于利用高精尖科技来进行延长人类寿命的研究，目的是使人类寿命更长、生活得更加健康。

Calico 聚集了一批医学、药品研制、分子生物学、遗传学、计算生物学等领域的专家。该公司创始人兼首席执行官亚瑟·莱文森，1995—2009 年间曾担任美国生物科技公司基因泰克的首席执行官，还曾担任美国苹果公司董事长及谷歌公司董事，曾被美国前总统奥巴马授予国家技术创新奖章。

Calico 最高科学责任人是大卫·博特斯坦，基因工程学的第一人。在基因发现、基因相互作用系统调节研究中成果颇丰。另外，关于长寿基因、神经细胞和生殖细胞等分子生物学领域的专家也汇聚于 Calico。

积极投身药品研发

Calico 成立了药品研发公司 Calico Life Science，该公司将焦点集中于抗衰老研究及老年病治疗领域。2019 年 1 月，该公司任命了药品研发责任人，在抗衰老和老年病治疗方面加大研究力度，并积极推进临床试验。

2018 年，Calico 的科学家们发表论文，针对认为动物的死亡风险随着年龄增大呈几何级数增长的冈珀茨死亡率定律提出反对意见，引起了人们的关注。该论文的研究对象是长寿的裸鼹鼠。人们发现裸鼹鼠不会像人和马一样衰老，在它身上几乎看不到任何衰老的征兆。

凭着这些研究成果，Calico 正在研发抗衰老治疗的方法和药物。为了实现人类长寿的梦想，Calico 利用世界上最先进的谷歌电脑技术，正在不断加快研发的步伐。

067

FiNC Technologies

健康管理

日本

企业估值：3.24 亿美元

私人人工智能助力预防医疗

2018 年 9 月，位于日本东京千代田区的健康管理初创公司 FiNC Technologies 宣布获得超 55 亿日元的融资。之前，该公司推出医疗健康手机应用程序 FiNC，下载量已突破 530 万次，用户数量不断增加。

该应用程序里关于健康、美容及健身的视频及文章均由相关专家进行审核。同时，该程序具有步数、卡路里计算等生活轨迹自动记录功能，减轻用户手动输入负担，而且还可以通过人工智能获得相关健康建议。

公司同时推出 Mission 项目，旨在解决用户的健康烦恼，帮用户进行健康管理和美容。

FiNC 的应用程序为了吸引用户，配备了丰富的内容，拥有大量活跃用户。该公司从活跃用户处获取海量数据，其中生活轨迹相关数据累计达到 23 亿条，基因数据也达到 8 万条。这些数据对很多企业来说拥有极高的价值，有利于他们进行商品开发和市场营销。

获得 30 岁以下女性的支持

FiNC 用户中女性占比 83%，特别是 30 岁以下的年轻阶层较多。虽然日本的东京都、神奈川县、千叶县和埼玉县等首都圈的用户占到三成，但整体呈各地区平均分布。

首席执行官沟口勇儿从高中时起便担任教练，曾经营过健身中心，正是他于 2012 年 4 月成立了 FiNC。

"我们的目标是通过科技力量改变用户的运动、营养、休息等习惯。"沟口勇儿如是说。

这种商业模式的出发点是健身中心。健身中心虽然会针对会员出售衣服和营养食品，提供私人教练服务，但服务的会员人数有限。如果使用 FiNC 这样的健康管理平台，就可以为更多人提供有益于健康的服务。

具体来说，FiNC 有帮助改善个人饮食生活的"减肥家教"，还有提供健身房训练以及在线饮食生活支持的"私人健身房"等产品。

在获得大量资金支持的基础上，FiNC 正在发展成为一个巨大的健康平台。

	推想科技
068	医学影像人工智能分析
	中国
	企业估值：不详
	利用医学影像人工智能分析，大幅降低癌症误诊率

　　大家有没有想过，可以利用人工智能的深度学习技术，对癌症进行瞬时分析并作出诊断，将误诊率降至 0.1%。

　　将这一划时代技术实用化的企业就是中国的医疗初创公司——推想科技。该公司研发的人工智能医学影像诊断系统，能够大大提高医生对癌症诊断的效率和准确性。

　　例如，以前进行医学影像诊断和生成报告需要 10 分钟时间，如今则可以缩短至 5 秒。据说，目前中国已有 300 多家医疗机构正在使用该技术。

应用于肺癌诊断

　　目前，该系统正应用于肺癌诊断中。在推想科技的这套系统中，人工智能对医学影像进行自动分析，检查肺部可能存在异常的部分，并显示可疑部位的尺寸和位置。医生对人工智能提示的异常部位进行仔细观察后作出诊断。由于医生的诊断结果也会反馈给系统，因此该系统的精确度会不断提高。

　　推想科技成立于 2015 年。创始人兼首席执行官陈宽在美国芝加哥大学留学时，就已开始思考是否能利用人工智能的深度学习提高影像医学的诊断效率。

陈宽聘请了100位有留美经历的年轻优秀软件技术人员，加快研究的步伐，终于研发出利用人工智能的影像医学诊断系统。

日本的医疗机构也开始使用推想科技的系统。据悉，医疗法人社团CVIC等多家医疗机构导入了该系统。除了日本之外，推想科技还在美国和德国设立办事处，扩大业务版图。

发现医生们容易忽视的微小癌变

利用人工智能进行癌症影像诊断，今后预计将在全世界推广开来。在肺癌诊断中，针对6毫米以下的结节，医生在目测时很容易忽略，而该系统则能轻松找出。

推想科技表示，公司的技术还可用于骨折、气胸、脑出血等疾病诊断中。通过人工智能和医学影像的结合，这一新的医疗技术的应用范围将越来越广。

```
      ┌──────────┬─────────────────────────────────┐
      │          │ Healthy.io                       │
      │          │ 家用尿液分析系统                  │
      │  069     │ 以色列                           │
      │          │ 企业估值：不详                    │
      │          │ 利用人工智能在家进行尿检，预防肾脏疾病 │
      └──────────┴─────────────────────────────────┘
```

在美国，每 3 人当中就有 1 人有罹患慢性肾脏疾病的风险。尿液检查是确诊肾脏疾病的必要检查，但在日常生活中进行尿检的人却不到 30%。

女性易发的尿路感染症，也可以通过尿液检查来发现。而且，尿液检查对于怀孕的女性来说也十分重要，对早期发现孕期可能出现的并发症具有积极意义。

用手机拍照功能和专用工具就可轻松检查

以色列的初创公司 Healthy.io 可提供一种便利的尿检服务，只要在家使用手机的拍照功能和专用工具就能完成。

该服务操作简单，先用杯子收集尿液，然后将该公司自主研发的测试棒放入杯中，然后，测试棒表面 10 个感应部位的颜色会发生变化。用手机将其拍下来，就可以知晓是否存在慢性肾脏疾病或孕期并发症。

尿检结果会自动发送给用户常去的医院。用户不用去医院就可以确认身体有无异常，上传的数据会记录在个人的电子病历中。

由于每款手机的照相机型号以及照明条件各不相同，因此，要对颜色变化做出准确判断并不容易。然而，Healthy.io 公司充分利用了人工智能，能够根据计算机视觉算法和校准技术做出准确判断。

由于该公司的尿检精度可以达到医疗机构同等水平，因此获得了美国食品药品监督管理局（FDA）颁发的许可，并且获得了欧盟境内销售的通行证——CE 标志。

Healthy.io 的创始人兼首席执行官乔纳森·阿迪力，14 岁时就进入以色列开放大学学习，18 岁取得国际关系学士学位，之后在以色列特拉维夫大学取得了政治学和法律硕士学位。

以色列总统的第一代首席技术官

2008—2011 年，乔纳森·阿迪力曾担任以色列时任总统西蒙·佩雷斯任内的第一代首席技术官。20 多岁的阿迪力提出技术外交战略，曾在宇宙、农业、生物技术等领域的技术出口方面做出极大努力。

2009 年，阿迪力联合创立了总部位于美国旧金山的汽车共享初创企业 Getaround，并于 2013 年成立了 Healthy.io。这位早熟的天才，将利用科技在医疗领域掀起一场创新风暴。

070

Moderna Therapeutics
抗癌剂
美国
企业估值：72 亿美元
来自患者体内的癌症治疗"药物"

许多癌症患者都有这样的苦恼：服用抗癌药物，但效果甚微，而且还伴有呕吐、食欲不振、手脚麻木、脱发等副作用。

那么，最佳的癌症治疗方法究竟是怎么样的呢？那当然是只杀死癌细胞、副作用尽可能小的治疗方法。正在研究这种理想方法的公司，就是总部位于美国波士顿近郊的 Moderna Therapeutics。

Moderna Therapeutics 利用能够携带遗传信息、指导蛋白质合成的 mRNA（信使 RNA），正在研发让人类细胞在体内产生"药物"的技术。

这项技术可以造出破坏癌细胞的人造蛋白质，并置入体内需要的地方。由于该技术制造的蛋白质可以只攻击癌细胞，相比以往的治疗方法，其效果更令人期待，有望实现副作用较小的癌症治疗。

该公司为不同患者提供适合的治疗药物。从患者的肿瘤组织以及血液中提取送检样本，通过计算机技术分析并发现癌变。根据这些数据，可预测数十种有可能消除肿瘤的蛋白质，然后将其放入含有 mRNA 的药物。而且，大部分制造过程都是自动化作业，不用人工参与。

2016 年，Moderna Therapeutics 和美国医药巨头默克携手合作，共同研发个体化癌症疫苗，获得 2 亿美元的预付款。两家公司在 2018 年更新了合同，准备实现商品化。他们反复进行临床试验，检查药物效果和安全性。Moderna Therapeutics 也和英国阿斯利康公司在抗癌药物研发领域开展合作，受到医药界的关注。

同样适用于预防感染、血管和肾脏疾病的治疗

Moderna Therapeutics 的制药技术能应用于癌症治疗，但并不仅限于此，该公司还与制药巨头展开合作，合作内容包括研发因病毒、细菌或寄生虫造成的感染预防和治疗用疫苗，以及血管和肾脏疾病的治疗药物。Moderna Therapeutics 表示，已有 20 个药品研发项目在推进当中。

另外，美国国防高级研究计划局（DARPA）为了研发对抗感染和生物武器的制药技术，为 Moderna Therapeutics 提供了 2460 万美元的经费资助。

相信，未来 Moderna Therapeutics 的技术有可能会给医疗领域带来颠覆性改变。

<table>
<tr><td rowspan="2">第**13**章</td><td>**流通·外卖·食品**</td></tr>
<tr><td>

Deliveroo
食品外卖
英国
企业估值：20 亿美元
欧洲第一食品外卖

</td></tr>
<tr><td>**071**</td><td></td></tr>
</table>

在手机上下单后，30 分钟内就可以收到从餐厅送来的热气腾腾的饭菜。凭着这样的外卖服务成为欧洲第一的，是总部位于英国伦敦的 Deliveroo。

通过手机应用程序和网站，可以将附近各种餐厅的食物配送至用户手中，平均配送时间只要短短 30 分钟。只要接受订单的餐厅附近有外卖送餐员，他们便会骑着自行车配送食品。送餐员分别从餐厅和用户那里收取手续费和配送费，这就是 Deliveroo 的商业运作模式。

Deliveroo 是由美籍华人威廉·休于 2013 年创立。2012 年，在取得美国西北大学工商管理硕士学位后，威廉·休在美国投资银行摩根士丹利的伦敦办公室工作。每当工作到深夜时，他总会对餐厅的外卖问题心有怨气。

于是，他创立了 Deliveroo。由于口碑好，公司迅速扩大，业务甚至拓展至法国巴黎、德国柏林及爱尔兰都柏林。目前，该公司的业务以欧洲为中心，覆盖了新加坡、阿拉伯联合酋长国和中国香港等 14 个国家和地区的 500 多个城市。

该公司的服务也在不断充实丰富。2017 年 11 月，英国的顾客只要每月支付 11.49 英镑，就可以享受无限次数的预约免费送货服务。推出该项服务的目的，是稳定老用户，不断扩大收益。

支持"幽灵餐厅"的开张

除了传统的餐厅，Deliveroo还支持"幽灵餐厅"。考虑到还有大量需要送餐服务的潜在客户，Deliveroo在餐厅较少的区域提供操作间，餐厅只需负责管理菜单和雇佣员工。对餐厅来说，他们无须支付高额的租金租用很大的空间，只要经营成本较低的外卖专营店即可，开店难度大大降低。

现在，Deliveroo最大的竞争对手是美国优步推出的食品外卖服务UberEats。该服务和Deliveroo的产品类似，正在全世界不断扩大中。外卖行业的创新者与网约车巨头的竞争正愈演愈烈。

穿行于伦敦街头的
Deliveroo送餐员

072	饿了么 食品外卖 中国 企业估值：60 亿美元 **中国外卖服务业寡头**

　　"饿了么"中文意思是"肚子饿了吗"。现在，饿了么可是中国最有人气的外卖服务平台之一，由中国互联网巨头阿里巴巴的子公司运营。

　　用户利用手机应用程序选好餐厅和想吃的东西，之后就会有人送到用户家中、学校或办公室。服务范围不断扩大，从超市、便利店的商品到星巴克的咖啡，再到药品，可代买的商品种类已然越来越多。

　　2009 年，正在上海交通大学读研的张旭豪创办了饿了么。当时，中国几乎没有食品配送服务，大家都是去餐厅点餐，然后带回家吃。在理科院校读研的学生课业繁重，对他们来说去餐厅买饭是件麻烦事。于是，张旭豪想到了外卖服务。他把自己的想法讲给研究生同学听后，大家的反应都很积极，于是决定创业。

从大学起步的外卖送餐服务

　　软件技术人员加入团队后开发了可以将网上订餐信息发送到餐厅的系统。由于当时智能手机尚未普及，所以刚开始只为有电脑的学生提供服务。后来，其他学校也知道了上海交通大学的外卖服务，于是该业务迅速扩展至各个大学。

　　2010 年以后，智能手机在中国迅速普及。在这种形势下，张旭豪创办了上海拉扎斯信息科技有限公司，开始向大学生以外的用户提供外卖送餐服务。很快，服务范围就遍及北京、苏州、哈尔滨、南京、深圳等城市。随后，该公司又迅速扩大服务范围。

中国电子支付的普及推动需求增加。有了电子支付，就可以省去麻烦的现金交易，使用户数量大幅增加。

收购竞争对手

在获得阿里巴巴的融资后，拉扎斯马上于 2017 年收购了竞争对手——百度旗下的百度外卖，从此占领了中国外卖行业超过一半的市场份额，覆盖了 2000 多个城市的 130 万家餐厅，并拥有超过 5000 万名月活跃用户。

2018 年，成为阿里巴巴子公司的饿了么很快又开始挑战新业务，不但为老年人配送食物，还进军老年护理领域。另外，该公司在上海尝试用无人机进行配送服务，并且正在研发取名"万小饿"的配送机器人。

中国的外卖服务正在急速发展，竞争也在不断激化。虽然饿了么的营业额在不断增长，但却存在收益问题，它不得不好好思考怎样做才能把完美的服务与收益结合起来。

073	Instacart 杂货配送平台 美国 企业估值：76 亿美元 **食品代购服务**

在美国，收购了高端超市 Whole Foods 的亚马逊，正与沃尔玛在食品配送领域展开激烈竞争。在两大巨头争斗之际，还有一家杂货配送服务公司正在悄悄扩大自己的影响力。

那就是总部设在美国硅谷的 Instacart 公司。该公司的最大特点是配送速度快，虽然会有地区差异，但最快时下单 1 小时内便可送达。它与美国最大的食品超市克罗格展开合作，此外，开市客、韦格曼斯等知名连锁超市也是其合作伙伴。

Instacart 的代购人员为普通人。他们会将买好的商品送至用户家中

有很多顾客更愿意在 Whole Foods 和沃尔玛以外的超市购物。因此，能够提供不同超市代购食品服务的 Instacart 获得了用户的支持。

用户每年只需支付 99 美元会费，单次购物超过 5 美元便可享受免配送费服务（如纽约曼哈顿区）。此外，用户也可选择在每次订单完成后支付配送费，但需要支付 3.99 美元，商品在 2 小时内送达。

普通人利用空闲时间做代购

在 Instacart 提供代购服务的是普通人，他们利用自己的空闲时间工作，被称为 "shopper"（代购）。用户在手机软件上下单后，附近的代购便会前往店铺购买商品并开着私家车配送。利用软件技术，可以匹配最合适的代购，在短时间内完成配送。

2012 年，曾在亚马逊负责技术工作的阿波尔博·迈赫塔成立了 Instacart。公司起初是在配送 Whole Foods 食品过程中发展起来的，此后，其他食品超市也成了 Instacart 的合作伙伴。

2017 年，Whole Foods 被亚马逊收购，解除了与 Instacart 的合作。但其首席执行官阿波尔博·迈赫塔表示："Instacart 还跟其他多家超市保持合作关系，公司的经营没有问题。"

074

美团点评
点评和外卖服务
中国
企业估值：348 亿美元
满足 14 亿胃口的大平台

美团点评，作为中国的互联网企业，拥有强大的影响力。2015 年，中国最大的餐饮、生活消费点评网站大众点评和外卖服务美团合并，成立了美团点评。2018 年，美团点评又收购了摩拜，企业进一步扩大。

美团的主要业务是通过手机软件下单的外卖服务，它是饿了么的竞争对手。2018 年，美团的外卖服务订单量比前一年增长了 56%，达到了 64 亿单。早晨和深夜的服务通常缺乏人手，美团加强了这两个时间段的配送服务，从而推动了公司的发展。

美团外卖服务的日均订单量为 2400 万单，总用户数达 3 亿人，商家数量 360 万家，配送人员超过 50 万人。

但是，美团的业绩仍不理想。2018 年 12 月，美团的销售额比上一年增长 92%，达到 652 亿元人民币。虽然其外卖服务的销售增长占比超过八成，但受共享单车业绩低迷的影响，其亏损正在大幅增加。

2018 年 9 月，美团在香港证券交易所挂牌上市。但因市场对其业绩成长存有顾虑，美团的股票价格一直低迷。截至 2019 年 3 月，美团总市值达 348 亿美元，远远低于上市初期。

将股票上市后所得资金投入宣传

即便如此，美团仍将股票上市后所获资金用于加强外卖服务，开展大规模宣传，同时帮助商家进行数字化管理。

另外，除了外卖服务，美团还开始提供其他领域的配送服务。特别是生鲜食品配送服务，保证下单后30分钟之内送到。在服装、鲜花等商品的配送服务上也投入了不少精力。虽然美团给人留下印象最深的还是外卖服务，但其实它已在多种服务领域开展了业务，比如酒店预约、旅游、美容、电影及演出门票预约等。

美团如果能够扭亏为盈，发挥综合实力，将很有可能成为世界上最大的食品和生活平台。

075

Snapdeal
虚拟商城
印度
企业估值：65 亿美元

触底重生的印度虚拟商城

印度最大的线上购物中心 Snapdeal.com 的运营商 Snapdeal，总部位于印度新德里，目前已有超过 30 万家商户，出售 6000 万种商品，服务覆盖 6000 多个城市和乡镇。

2010 年，科纳尔·巴尔（现任首席执行官）和罗西特·班塞尔（现任首席运营官）共同创建了 Snapdeal。最初，它只是一个提供优惠券的网站，但是后来两人将业务转移到虚拟商城领域。他们为初次接触线上销售的商户制作专门的程序，指导他们如何进行商品包装、掌握补货时机。结果，在虚拟商城上开店的商户越来越多。

该公司陆续收购团购网站、线上体育用品零售网站、售卖手工艺品的虚拟商业街网站、商品比较网站等，不断扩大业务规模，短时间内成为印度最大的线上购物中心。

但是，该公司在 2016 年遇到了经营危机。由于不停地收购其他企业，销售额虽得以增长，但公司赤字大幅增加，最后险些与竞争对手——印度电商巨头 Flipkart 合并。2017 年，两家公司都朝着合并的方向运作，但是因为 Snapdeal 股东的反对，合并最终以失败告终。

在这种情况下，巴尔和班塞尔为振兴 Snapdeal 而四方奔走，并提出了"Snapdeal2.0"的重建方案。他们加速出售电子支付和物流公司这些非核心业务，并决定裁员。

主力集中在线上购物中心

另一方面，他们将经营资源集中在线上购物中心，增加商家数量，充实商品种类。他们还在办公室的墙壁上张贴目标的完成情况，大力改革，还通过表彰优秀员工来提高士气，使整个团队团结一致。

虽然改革伴随着痛苦，但是取得了成效。Snapdeal 的销售额增加，手续费收入也增加了，现金流量扭亏为盈。如今，克服了困难，重新找回状态的 Snapdeal 正在准备反击。

<table>
<tr><td rowspan="2">**076**</td><td>Ariake Japan</td></tr>
<tr><td>调味料
日本
企业估值：20 亿美元
食品行业的英特尔</td></tr>
</table>

提到 Ariake Japan 这个名字，你一定会说没听说过。因为它的客户是企业，它只是个幕后英雄。该公司为日本的客户提供以猪骨、鸡骨、牛骨等为原料的肉类天然调味料。作为生产商，它的名字偶尔会出现在一些零售商自营品牌的商品包装背面。

不过，在日本的便利店便当和熟食、中餐和西餐连锁店、方便面等食品加工领域，Ariake Japan 的存在举足轻重。它掌握了肉类天然调味料约五成的市场份额。如果没有它家的产品，很多企业将无法生存，因此它也被称为"食品行业的英特尔"。

该公司成立于 1966 年，董事长冈田甲子男为其倾注了一生的心血。2016 年 6 月，冈田董事长退任，成为公司顾问。Ariake Japan 的主要顾客有便利店巨头 Seven & I 控股公司、餐饮业巨头 Ringer Hut 和食品巨头日清食品等多家知名企业。名厨乔尔·罗布雄的餐厅也使用该公司的清汤。在该公司的销售额中，餐厅占四成，便利店销售的熟食占三成多，加工食品所占份额不到三成。

无人化和味道的再现

Ariake Japan 的优势在于其生产体制和市场营销能力。在计算机的控制下，天然调味料已几乎实现全自动生产。按照顾客对味道的要求，将相关数据输入计算机，便可从放有鸡骨和蔬菜等原材料的罐中提取汤的精华。

公司刚刚成立时，调味料都是由工人将原材料放入大锅中咕嘟咕嘟地熬煮数小时制成，当时的工作环境又苦又脏又危险。冈田董事长认为不能再这样下去了，于是在 20 年前决定要实现完全无人化生产。公司当时的销售额约为 100 亿日元，董事长竟大刀阔斧地投入 100 亿日元资金建成了最先进的工厂。投入资金自主研发设备的举动曾被认为是鲁莽的，可正是因为这样，才有了如今的高效率生产，并给其他试图进入该领域的企业设置了壁垒。

在餐饮行业人手不足的情况下，很多餐厅和食堂开始委托 Ariake 制作汤品。由于没有一家公司可以大量提供和该公司一样品质的产品，Ariake 也因此成了餐厅的最强依靠。

强大的生产能力与顾客至上的研发经营理念相辅相成。冈田放出豪言壮语："我们可以再现任何一种汤的味道。"该公司将味觉的五大要素——鲜味、甜味、苦味、酸味、咸味进行数据化处理，以积累的海量数据为基础，根据顾客的要求进行调配。Ariake 调配出的味道几乎有无限种可能。

便利店出售的盒饭等成品的兴起，以及人手不足的问题使餐饮业经营陷入困境。在日本国内有超过 5 万家便利店，几乎达到了饱和状态。冈田表示："企业越困难，就越会考虑改善原料采购，提高效率。如此一来，我们的出场机会就更多了。"

	Karma
077	食品销售应用程序
	瑞典
	企业估值：不详
	减少食物浪费的手机应用程序

我们经常听到人们说，全世界有相当数量的食物还没吃就被扔掉了。但大家是否知道，这样的食物每年有 13 亿吨，大约占到食物总产量的 1/3。每年因废弃食物产生的二氧化碳排放量相当于 300 万辆汽车的排放量，厨余垃圾每年造成的经济损失约 1 万亿美元。

与食物浪费这一社会问题做斗争的，是瑞典的新兴创业公司 Karma。"Karma"这个词的意思是"业"和"报应"。该公司的宗旨是减少人类因浪费食物而遭的报应。

Karma 手机应用软件为用户提供购物平台，在这个平台上用户可以半价购得餐厅、咖啡厅、食品店剩余的食物。商户只要将卖剩下的或临保食物的照片和价格上传网站，便可通过应用程序卖给普通消费者。上传一件新商品需要花费 3 分钟，而出售一件登记过的商品只需 15 秒。

受商户和消费者欢迎的服务

从商户的角度看，他们可以处理临近保质期限、很难卖完的食物；而对于消费者来说，他们可以买到便宜的食物。从结果来看，这种模式为减少粮食浪费做出了贡献。

Karma 的服务正在欧洲范围内不断扩大，法国巴黎、英国伦敦以及瑞

越来越多的餐厅和食品店
在 Karma 上出售多余的
食品

典的 150 个城市都在使用。以零售商和餐饮店为中心，约有 2000 家商户加入 Karma，用户数量达到 50 万。

期待 Karma 成长发展的投资者也随之出现。2018 年 8 月，Karma 从美国风投机构和瑞典家电制造商伊莱克斯等企业融资 1200 万美元。

针对全球性的食物浪费问题，Karma 为买卖双方提供了互利互惠的交易平台，正发挥着越来越重要的作用。

078	Umitron
	养殖技术
	日本
	企业估值：不详
	利用 IT 实现可持续水产养殖

　　"通过 IT 水产养殖技术，有希望实现可持续的粮食生产。"描绘这一愿景的，是把新加坡和东京作为战略核心根据地的新兴创业公司 Umitron。

　　随着世界人口的不断增加和新兴国家的经济发展，人类对动物蛋白的需求量急速增长。受土地限制，陆生动物的养殖规模很难扩大，因此，海鱼的人工养殖得到不断发展。无论是在欧美还是在亚洲，寿司都广受好评，因此对海鱼的需求量也越来越大。作为实现稳定生产的手段，人们对养殖产业的关注度越来越高。

　　但是，相比陆地养殖，海上养殖收集数据困难，要有效利用新科技，花费的时间也更长。

安装在爱媛县爱南町水产养殖场的智能喂饵机 UMITRON CELL

因此，Umitron 利用传感器等物联网技术以及从人造卫星获得数据，让饲养环境可视化，研发有效抛撒饲料和培育的相关技术，以期提高水产养殖业的生产效率。

减少饲料投放，节省一半以上的养殖成本

比如，根据对鱼群的分析，提供最佳投放饵料服务。自 2019 年起，该公司在日本爱媛县爱南町的养殖场安装了智能喂饵机 UMITRON CELL，通过智能手机实现远程投饵实验。

远程管理，一方面减轻了人们在养殖场的工作，另一方面也缩短了在恶劣气候等危险环境下的海上作业时间。另外，因为能够掌握鱼群的吃饵情况，也可避免饵料的过度投放。养殖业的成本中，有一半以上都用在购买饲料上。有了智能喂饵机，便可降低养殖成本。

Umitron 公司认为，日本以外的其他亚洲国家也会需要他们的技术，于是在印度尼西亚的养虾场开始进行实验。该公司为实现在全球的发展，也把新加坡市场当作其中一个战略核心。

2018 年的世界人口数量为 76 亿，预计到 2050 年将增至 97 亿，水产养殖市场将大幅扩大。如能通过科技提高养殖业的生产效率，那么 Umitron 今后将会拥有更多商机。

第14章　计算机·人工智能

079

D-Wave Systems
量子计算机
加拿大
企业估值：不详

量子计算机颠覆常识

2019 年，加拿大初创公司 D-Wave Systems 的量子计算机首次来到日本。

日本东京工业大学和东北大学将建立共同研究中心，此外还有多家民营企业加入其中，支付使用费用。截至目前，都是通过云端来使用安装在北美地区的机器。日本企业全面使用量子计算机的时代终于来临了。

2018 年，量子计算机迎来了巨大的转折点。自 2013 年起负责谷歌量子人工智能研究所的研究者哈特姆特·内文说："在过去的几个月里，软件实现了飞跃性的进步。预计在 2019 年到来之前，将如约实现'量子超越性'。"

如果真是这样，那么谷歌将拥有超级计算机无法达到的性能。这就是量子超越性的意义所在。超级计算机历经数百年也无法解决的问题将在一瞬间被解决，简直就像是迈入"神的领域"。

量子计算机是遵循适用于微观世界的物理法则量子力学来计算的机器，利用"0"和"1"叠加的量子比特进行庞大的数字计算。如果增加量子比特，计算能力将呈指数级增长。9 量子比特可在瞬间完成 512 次（2 的 9 次方）计算，而 20 量子比特则可完成 105 万次（2 的 20 次方）计算。

专家们普遍认为，量子比特数量一旦超过 50 就会实现"量子霸权"。谷歌于 2018 年 3 月推出了 72 位量子处理器"狐尾松"。特姆特·内文表示，他们正在进行各种各样的实验来验证"量子霸权"。

长久以来，量子计算机一直是梦想中的技术。1981 年曾有人预言过它的可能性，但是当时的现实世界中还没有找到增加量子比特的方法。量子比特容易出现错误，为了得到正确的计算结果，至少需要数百万个量子比特。人们普遍认为，要花费几十年的时间和几万亿日元的研发费用，要想实际应用量子计算机最早要等到 21 世纪 50 年代了。

颠覆了这一常识的是 D-Wave。2011 年，不同于以往的量子计算机，它在世界范围内首次实现了商用。2015 年，经验证，它的处理速度是普通电脑的 1 亿倍左右。另一方面，它的耗电量为 15 千瓦，只有目前世界上最快速的超级计算机"SUMMIT"的约 1/500。

2019 年 2 月，D-Wave 公开了新一代量子计算机的规格。预计量子比特的数量由 2000 个增加到 5000 个以上，量子比特间的结合数也从 6 个增加到 15 个以上，计算能力有望大幅提高。

D-Wave 的量子计算机（左）和半导体回路（右）

<table>
<tr><td rowspan="5">080</td><td>Magic Leap</td></tr>
<tr><td>增强现实</td></tr>
<tr><td>美国</td></tr>
<tr><td>企业估值：63 亿美元</td></tr>
<tr><td>**摘掉神秘面纱的 MR 创新者**</td></tr>
</table>

尽管产品还未发售，但 Magic Leap 早已经获得超过 3 亿美元的融资。Magic Leap 是一家 MR（混合现实）初创公司，于 2010 年成立，总部位于美国的佛罗里达州。自成立之初它便持续引起关注，然而由于产品的研发时间长，迟迟未见其推出产品。

2018 年 8 月，Magic Leap 终于推出产品——头盔式显示器 Magic Leap One。虽然也有一部分人表示："之前的评价太高，远不如期待的那么好。"不过，花费 2295 美元拿到 Magic Leap One 的用户对这款产品赞不绝口。

仿佛置身于另一个世界

"仿佛置身于另一个世界。"在 Magic Leap 终端体验过 MR 游戏后，

佩戴上 **Magic Leap One** 后，现实世界会变成另一个世界（左图为游戏影像中的画面）

175

很多人会产生强烈的代入感。

例如，在电影《星球大战：最后的绝地武士》中出场的角色好像真的在用户面前走动、交谈，用户仿佛也成为电影世界的一部分，有身临其境的感觉。

VR、MR 内容的开发人员也给出了积极的评价。因为 Magic Leap 的终端处理能力超强，制作内容的自由度很高。Magic Leap One 的竞争对手——微软的 MR 头部显示器 Hololens 因为受硬件限制，需要减少 3D 模型的面数和数据量，但是 Magic Leap 的终端无须这样。

混合现实的应用并不只局限于游戏，在商业领域也有着巨大的可能性。即使人们不在生产第一线，也可以通过 MR 技术体验现场的工作，还可通过设备显示正在研发阶段、尚未造好的汽车，探讨设计方案。

微软的 Hololens 已经开始应用于制造等商业领域，而有可能研发出更高性能产品的 Magic Leap 公司如果能将产品投入市场，那么整个市场应该会更加活跃。未来世界的人们就像庄周梦里的那只蝴蝶，将分不清现实与虚幻的世界。

081	光禾感知科技
	计算机视觉
	中国台湾
	企业估值：不详
	基于图像的相机定位

即使没有 GPS 信号，也可以利用智能手机来确定自己在室内的位置，在购物中心、车站、机场等设施中进行实时导航。因这项技术崭露头角的是中国台湾的新兴创业公司——光禾感知科技。

该公司的室内位置信息技术 VBIP，可利用人工智能和云计算处理识别空间位置，无须 Wi-Fi 设备和蓝牙信号。

光禾感知科技的特长是通过计算机判断数字图像和影像，该技术被称为"计算机视觉"。利用图像处理和空间位置算法以及人工智能的机器学习算法等技术，分析手机拍下的视频，模仿人类通过视觉来识别周围环境。

泰国引进室内导航技术

光禾感知科技已与泰国的交通系统在室内导航领域展开合作，在曼谷的 36 个车站提供站内导航服务和 AR 广告。

光禾感知科技在日本东京中央区成立了名为"VBIP Japan"的公司，目前正在积极开拓日本市场。

该公司计划将室内导航产品用于大型车站（如东京站、新宿站、涩谷站等）、大型机场（如成田机场、羽田机场等）、会展中心（如东京国际会展中心、幕张国际会展中心等）及东京奥运会会场。该公司还考虑利用该产品提高工程管理效率，比如可以将建筑工地或室内装修场地进行可视化处理。

082

Palantir Technologies
大数据分析
美国
企业估值：410 亿美元
CIA 也依赖的大数据分析巨人

你是否相信，从美国的中央情报局（CIA）、联邦调查局（FBI）、证券交易委员会（SEC），到空军、海军军队都要依靠一家神秘的数据分析新兴创业公司？

这就是总部设在美国硅谷的 Palantir Technologies。Palantir 是托尔金所著《指环王》中可以看到一切的水晶球。有传言说，Palantir Technologies 公司曾为搜查"9·11"恐怖袭击事件的主谋——出逃 10 余年的本·拉登做出了杰出贡献。

Palantir 有一款可将邮件、文档、图像、音频、视频等非结构化的数据进行整合、分析的软件 Gotham。使用这款软件，可以轻松完成需要专业人员耗费大量时间与精力才能完成的数据分析。

与 Excel 等软件保存结构化数据不同，该软件之所以能够分析棘手的数据，是因为使用了可灵活改变信息定义的动态本体技术。

例如，"部长""老板"这些词，不仅是普通名词，有时也会指代身处某一职位的特定人物。"地名"也经常用来指代某企业的总部或特定人物。

Gotham 可以轻松更改这些术语的定义，并在短时间内收集、分析用户想获取的信息。过去需要几年时间才能分析完成的数据，如今也许几周就能完成。

PayPal 创始人和哲学研究者的合作

2003 年，Palantir 公司由美国在线支付巨头 PayPal 创始人彼得·蒂尔创立，创立契机是 2001 年发生的 "9·11" 恐怖袭击事件。蒂尔计划使用 PayPal 的非法汇款检测系统软件技术，防止资金流向恐怖组织。

蒂尔邀请在美国斯坦福大学上学时的朋友——研究哲学的阿莱克斯·卡普出任首席执行官一职，与其共同创业。虽然最初在资金筹集方面遇到了困难，但蒂尔从 CIA 的风投资本和自己领导的风投机构处筹集到了资金，正式开始了该项业务。

从金融到医药、航天，客户不断增加

Palantir 与美国金融信息帝国汤森路透、德国制药公司默克进行了合作。欧洲的飞机制造商空中客车也是该公司的客户。Palantir 针对不正当行为的检测技术，在全球化企业中评价很高。

2018 年秋，美国媒体报道称："Palantir 计划在 2019 年首次公开募股。" 有分析人士认为，估值 200 亿美元的 Palantir 在公开募股后估值最多可能达到 410 亿美元。数据分析领域的巨人终于要揭开其神秘的面纱了。

083	QC Ware 量子计算机软件 美国 企业估值：不详 **量子计算机软件新锐**

量子计算机今后也许会引起 IT 界的剧变。总部位于美国硅谷的新兴创业公司 QC Ware，便是一家专门研发量子计算机软件的公司。

量子计算机与当今主流的二进制数字计算机存在本质性不同，详细内容可参照关于量子计算机制造商 D-Wave Systems 一文的介绍。

量子计算机当然也需要软件，而 QC Ware 公司正是注意到了这点。我们知道，许多软件技术人员使用的是 python、Java、C++ 等编程语言，但 QC Ware 研发的是一种工具。该工具帮助软件技术人员运用自己熟悉的编程语言编写量子计算机软件。

QC Ware 是 2014 年由美国前空军计算机技术人员马特·约翰逊建立的。约翰逊退伍后，在宾夕法尼亚大学沃顿商学院取得了工商管理硕士学位。在他想要创业时，有人向他推荐了量子计算机领域。

恰好 2013 年 NASA 和谷歌一起成立了量子人工智能研究所，计划研究对量子计算有所帮助的人工智能等软件技术，但当时可以合作的软件公司少之又少。

从 NASA、IBM 到空中客车，客户不断增加

于是，约翰逊召集了一些量子算法和量子工程领域的专家，创立了量

子计算机软件公司——QC Ware。最初的核心顾客是 NASA 和美国大学太空研究协会（USRA），后来开始与美国国家科学财团（NSF）、D-Wave、IBM 和高盛集团等合作，合作伙伴不断增加。此后，欧洲飞机制造业的巨头空中客车等企业也参与出资。

QC Ware 公司接下来的计划是将量子计算应用于商业领域。该公司召开会议，美国空军研究所、IBM、微软以及谷歌都成为其赞助商。QC Ware 不断增加合作伙伴，计划将量子计算推向整个世界。

第15章	太空开发
084	蓝色起源（Blue Origin） 太空开发 美国 企业估值：不详 **通过巨型火箭实现登月目标的贝索斯**

为什么那些新兴创业公司的老板都把宇宙当成目标呢？这个问题也许我们能从美国亚马逊首席执行官杰夫·贝索斯身上获得答案。贝索斯致力于开发宇宙火箭，成立了蓝色起源（Blue Origin），并出任首席执行官。从太空旅行服务到卫星发射，该公司甚至将登月也纳入了公司的业务发展方向。

2019年5月，贝索斯召开记者见面会，宣布要"建设太空殖民地，实现太空殖民"，同时他还公开了处于研发阶段的登月飞船"蓝月亮"模型。该飞船不但可以搭载宇航员，每次最多还可搭载4辆月球探测车，也可以运送足足6.5吨重的货物。

特朗普曾表示要在2024年前让美国宇航员再次登上月球。在这个项目中，"蓝月亮"的名字再次出现在了候补名单中。

贝索斯踩稳发展的每一步，不断推进宇宙开发项目的发展。

第一步是实现太空旅行服务。为该目的研发的火箭是"新牧羊人"号，将搭载6人的太空舱送到宇宙空间中，让用户体验11分钟的太空旅行。

不仅是太空舱，火箭箭体返回地球后还能反复使用。这样便可以降低发射成本，使太空旅行不再昂贵。多次使用的火箭箭体在发射试验中连续成功，安全性也得到提高，他们的目标是最快在 2019 年实现载人飞行。

还将提供人造卫星发射服务

下一步则是利用大型运载火箭"新格伦"发射人造卫星。"新格伦"直径 7 米，全长 82 米，运载能力达 45 吨，很适合发射人造卫星。该公司预计于 2020 年前就可以完成首次发射，目前已接受多家企业发射通信卫星的订单。

"新格伦"的设计可让价格昂贵的一级火箭反复使用 100 次，这样做可以降低发射成本，增强价格竞争力。当然，"新牧羊人"号火箭的连续发射，成功地促进了"新格伦"的签单。

蓝色起源公司目前还在研发世界上最大的三级"新格伦"，它拥有运送月球探测器和火星探测器的能力。贝索斯不仅在零售行业有所成就，通过研发月球探测飞船，他还将开启探索宇宙的新时代。

杰夫·贝索斯和宇宙火箭"新牧羊人"号

	Infostellar
085	共享卫星天线 日本 企业估值：2600 万美元 **建立卫星天线的共享平台**

美国的 Space X 和蓝色起源的可重复利用火箭技术备受瞩目的原因是大幅降低了卫星发射费用。不过，这里也有一个问题亟待解决，那便是提高宇宙空间的通信能力。

随着发射成本的降低，400—1000 公里的低轨道运行小型人造卫星有望增加。但是，与小型人造卫星进行通信的地面天线在很长一段时间内并不工作，因为它们只在配套卫星出现在上空时工作。

位于日本东京涩谷的 Infostellar 公司注意到了这一问题，计划利用众多企业和大学拥有的地面天线，建立能有效进行宇宙空间通信的共享平台。

降低宇宙通信成本

如果可以降低宇宙空间通信的成本，那新兴创业公司的商机就会大大增加，也可以加速宇宙相关产业的发展。

成立 Infostellar 的是现任首席执行官仓原直美。她在九州工业大学读研时，主要研究人造卫星的环境测量装置，于 2010 年取得博士学位。她曾作为研究者参加过一个国际项目，该项目是要把全球各个大学的天线建成一个共享网络。这也成了仓原直美创业的起点。

此后，她作为东京大学的特聘研究员负责研发小型卫星的地面系统，2013年进入卫星地面系统研发公司 Integral System 日本分公司工作。

从空中客车、索尼基金获得融资

仓原直美在进入公司后，仍然在酝酿卫星天线共享的想法。2015年，她遇到了曾在 IT 企业工作过的石龟一郎（现任首席运营官），两人于2016年共同成立了 Infostellar。

2017年，该公司获得欧洲飞机制造巨头空中客车、索尼基金等机构合计共8亿日元的融资，正式起步。

世界知名企业的认可，为公司的发展增添了一臂之力，不过 Infostellar 要想取得成功并非易事。为了建成卫星天线共享平台，他们需要向全球众多企业和组织发出合作邀请并建立伙伴关系。这个过程是极其漫长的。宇宙商业的新时代即将拉开帷幕，Infostellar 的构想潜藏着巨大的可能性。

086	Space BD 太空商务公司 日本 企业估值：不详 **支持太空商务的公司**

2018 年，日本宇宙航空研究开发机构（JAXA）决定，将从国际空间站发射超小型卫星的业务移交给民营企业——三井物产和新兴创业公司 Space BD。

JAXA 向民营企业移交的业务，是从距地面约 400 公里的国际空间站日本"希望"号实验舱发射超小型卫星。超小型卫星可以监控地面的基础设施和农作物的生长情况，还可应用于通信领域，用途十分广泛。今后，市场对超小型卫星的需求有望继续增加。

美国的新兴创业公司已经通过 NASA 涉足从国际空间站发射超小型卫星的业务，目前已发射卫星 180 颗。到目前为止，日本 JAXA 总共发射了 28 颗超小型卫星。如果将这一业务移交给民营企业，则有望节省最多时高达 7600 万日元的发射费用，扩大超小型卫星的发射需求。

Space BD 成立于 2017 年 9 月，是一家只有 4 位全职员工的小企业。老板永崎将利来曾在三井物产工作，不过他从事的是钢铁制品的贸易和资源开发，和宇宙完全不沾边。永崎想做自己喜欢的工作，于是在 2014 年 9 月成立了一家教育机构，面向中小学生推出创业者体验项目。

"在和学生们讨论挑战精神时，我也觉得自己应该挑战更多的事物。"于是，永崎开始了他的又一次挑战。这一次他把目光投向了宇宙。虽然这个领域一点儿也不赚钱，但是他认为只要策划得好，就有机会将其商业化。

Space BD 将自己定位成一家"宇宙商务公司",即代替企业完成所有与发射卫星相关的技术调整和安全审查工作。除此以外,该公司还为企业供应航空器材,以减轻企业负担。

麻烦的事情交给我们来做

Space BD 向日美两国的航空航天企业以及大学表示:"麻烦的事情交给我们来做。"2018 年 4 月,该公司受日本东京大学委托,发射超小型卫星。这一次,JAXA 决定由该公司接管卫星发射项目。

Space BD 已经找到了合作企业,从卫星的制作到发射都由该企业负责,费用约为 1500 万日元。说到今后要和老东家三井物产争夺顾客,永崎充满自信地说:"我们是新兴创业公司,就要不怕失败,勇于挑战。"

永崎估计,JAXA 在对民营企业开放超小型卫星的发射项目后还会开放"希望"号实验设备运营工作。他对该项目也非常感兴趣。今后,日本如果能有更多像永崎这样勇于挑战的创业者,宇宙产业一定会更加蓬勃发展。

	太空探索技术公司（SpaceX）
087	太空开发 美国 企业估值：305 亿美元 **埃隆·马斯克的太空革命**

你是否知道，美国电动汽车制造商特斯拉首席执行官埃隆·马斯克的另一个身份，是宇宙开发新兴创业公司太空探索技术公司（SpaceX）的首席执行官。

SpaceX 作为宇宙开发的革命者，影响力越来越大。它的主打产品——"猎鹰 9 号"火箭收到了来自世界各国民营企业和政府的卫星发射订单。2018 年 12 月，该公司已为 17 个国家发射共计 64 颗人造卫星，并成功让所有卫星同时进入轨道，展示了其高超的技术能力。

在曾经的宇宙开发领域，美国、俄罗斯、欧盟、中国等国家和地区占据着主导地位，但是由于 SpaceX 的兴起，形势发生了剧变。民营企业成为主角的时代即将来临。

和蓝色起源公司一样，SpaceX 研发的成本较高的一级火箭部分也可回收再利用。将以往只能使用一次的火箭回收再利用，能够大幅降低人造卫星的发射费用。马斯克表示，他们的目标是"将发射费用降至原来的百分之一"。

实际上，SpaceX 的一级火箭回收技术已得到发展，正在实现再利用。经过多次实验，一级火箭终于可以准确降落在海上回收区域了。

由于实现了再利用，成本竞争优势增强，再加上发射精确度不断提高，SpaceX 的卫星发射服务越来越受到欢迎。不仅是民营企业，NASA以及美国军队也都需要该公司的宇宙火箭。

SpaceX 研发的可回收再利用火箭"猎鹰 9 号"

另外，马斯克还将全长 70 米的"重型猎鹰"火箭投入使用。这艘包含有 1 个主助推器和 2 个侧助推器，并搭载有 27 台发动机的重型火箭毫无疑问也是可回收再利用的。

2019 年 4 月，"重型猎鹰"火箭发射，分离后的 2 个侧助推器在佛罗里达州卡纳维拉尔角空军基地着陆，主助推器在大西洋上的无人驾驶船上着陆。

能够实现火箭回收再利用的关键，是因为人工智能等卓越的软件技术对硬件进行了精确控制。完美结合软件和硬件的先进自动控制技术才是 SpaceX 的优势所在。

开发载人宇宙飞船"龙"

SpaceX 还开发了名为"龙"的载人宇宙飞船，正在努力尝试让"龙"将物资和人员安全地送达目的地或送回地球。"龙"最多可以搭载 7 名乘客，2019 年 3 月成功完成了与国际空间站的自动对接。

马斯克的梦想是实现火星移民计划，现在正开发下一代的超大型火箭 BFR（"大猎鹰"火箭）。这艘火箭全长 118 米，直径 9 米，搭载 31 台发动机，可运载 150 吨货物。

目标是建一艘能载 100 人的巨大宇宙飞船去火星

可搭载 100 人的宇宙飞船，简直就是科幻小说中的宇宙飞船。SpaceX
计划 2019 年发射 BFR 的试验机，2022 年将货物送至火星，2024 年再将
人类送到火星。

马斯克突破了人类对宇宙开发的常识，计划通过载人宇宙飞船进行绕
月飞行。他改变了人类开发宇宙的方式，正在改写历史。

图为 SpaceX 正在开发的可载
100 人的巨大宇宙飞船的"重型
猎鹰"火箭与一级助推器分离时
的构想图

第16章	数据分析 · 能源 · 材料
088	ABEJA 数据分析 日本 企业估值：2.14 亿美元 **通过数据分析，提高现场作业能力**

ABEJA 是一家通过人工智能进行数据分析的新兴创业公司，可以为零售商提供数据分析服务。通过店内摄像头拍摄到的视频，对来店顾客的数量、年龄、性别以及店内浏览购物情况等数据进行可视化分析。

一直以来有很多零售商店依靠店长等经营负责人的直觉和经验来确定营销策略，但基于数据分析的科学判断能够让经营者更加清楚店铺存在的问题和应当改善的环节，也更容易验证新对策取得的成效。ABEJA公司提供的服务按月收费，大型超市、眼镜专卖店等许多零售商都定制了该服务。

数据分析在生产领域的应用正逐渐扩大。在分析熟练工人的操作工序后，可进行定量处理，这将有利于编写新手操作指南来提高工作效率。据悉，已有汽车零部件制造商在实际使用。

该公司的数据分析还有助于实现自动化产品质检。让人工智能学习资深员工的知识和经验，自动判定产品是否合格，保证产品质量。已有移动终端零部件制造商利用该项服务。

在商品分类领域，人工智能通过采集商品图像和商标数据，辨别商品类型，有望实现商品分拣自动化。

以深度学习为优势

ABEJA 公司的人工智能数据分析技术具有极强的通用性，已被 150 多家公司引进。该技术的优势在于深度学习，能够通过学习拍摄到的大量数据来分析人类的知识和经验，并将其应用于自动化相关领域。

从零售业到制造业，ABEJA 的客户越来越多。通过降低运输行业危险驾驶的风险，提高故障保修服务中心的效率，实现根据需求实时变动价格的动态定价等，ABEJA 正在一步步扩大业务范围。

	ELIIY Power
089	蓄电系统 日本 企业估值：3.67 亿美元 **储存电力，有效利用能源**

由于会释放二氧化碳，人们对以煤和煤气为燃料的火力发电的批判声日益高涨。近年来，可再生能源备受关注，太阳能发电和风力发电正在悄悄普及。

然而，可再生能源也存在着问题，那就是发电量不稳定。风力发电量随着风强度的变化而变化。太阳能发电也是如此，发电量会随着天气和时间而变化。

因此，人们自然会关注能够储存电能的蓄电技术。如果在发电站安装大型蓄电池，便可储存电能，在用电需求增加时实现供给。家庭用户对储存太阳能发电系统产生的电能的需求也日益增多。

美国电动汽车新兴创业公司特斯拉出于同样的考虑，也在开发蓄电系统。他们销售大容量锂电池蓄电系统，销售对象包括普通家庭与一般工厂。

在日本，有一家致力于这种蓄电系统开发的新兴创业公司——位于东京品川的 ELIIY Power。该公司研发针对家庭用户和企业用户的各类蓄电系统，在其蓄电系统中，大型锂电池的所有元件都产自该公司的日本国内工厂。

特点是安全和寿命长

该公司重视安全性。电池元件的正极材料采用具有高安全性的磷酸铁锂制成。在针刺、重压或过量充电等问题发生时，不会出现热失控的情况，也不会起火。由于锂电池起火的风险较高，ELIIY Power 在安全方面十分谨慎。

使用寿命长也是该公司产品的另一大特点。他们在 10 年间进行了约 1.2 万次反复充放电操作，电池的容量保持率仍在 80％ 左右，能够长期使用。

大和房屋集团、东丽集团、国际石油开发帝石控股公司、SBI 集团、大日本印刷公司、铃木等都在使用 ELIIY Power 的产品，使用范围正在逐步扩大。

先后担任日本住友银行副行长、三井住友金融租赁公司经理的吉田博一，在 2006 年，也就是在他 69 岁时创办了 ELIIY Power。虽然是大器晚成的企业家，但他挑战的市场还很年轻，有很大的发展空间。

	Panair
090	电力零售平台 日本 企业估值：801 亿日元 **通过人工智能与大数据削减成本**

在日本的电力自由化进程中，有一家新兴创业公司一直处于主导地位。那就是 Panair 公司。这家位于日本东京千代田区的公司，正通过有效利用人工智能和大数据大幅削减成本，提供基础系统。

Panair 提供的名为"Panair 云"的平台，可将过去依赖人工的销售、顾客管理、供需管理和电源供应等众多业务，利用人工智能等 IT 技术实现自动化。销售管理费用在总销售额中所占比率能够低至该行业平均水平的一半甚至 1/3。

Panair 通过 RPA（机器人流程自动化）技术，实现办公自动化，提供增效解决方案。

Panair 成立当初，是为了不断增多的电力零售商提供管理平台，但因为公司没有业绩，所以当时很多企业都不愿采用。为了证明自己的技术水平，Panair 开始进入电力零售领域。

现如今，公司已拥有札幌电力、宫城电力、东日本电力、东海电力、西日本电力、广岛电力及福冈电力 7 个电力零售分公司，在日本全国范围内提供服务。

与东京电力集团合作

2018 年 4 月，Panair 与东京电力控股公司旗下的零售商——东京电力能源伙伴公司合作，成立了在全国销售电力和燃气的新公司，并从第二个月开始提供服务。共同出资的新公司名为 PinT（焦点），由东电出资 60％，Panair 出资 40％。公司的目标是在 2020 年度结束前争取 150 万名顾客。

业界的先驱者们都认同 Panair 的技术，这对于公司今后的事业发展来说无疑是有利的。PinT 除了提供电力和燃气的零售之外，在 2018 年 10 月还进入了通信产业。通过自动化，Panair 提供的平台可有效削减销售管理费，有益于开展电力以外的业务。

创办 Panair 的是其首席执行官名越达彦。从东京工业大学毕业后，他在 DeNA 等互联网巨头积累工作经验，于 2012 年创办 Panair。当初，他在针对太阳能发电公司与客户的匹配服务上受挫，经历了不少困难。但是，他预见到电力自由化后的市场发展，开发出能够提高电力零售业业务效率的系统，成功筹措资金，开辟出一条新路。

Panair 的销售额急剧增长，企业估值已接近 1000 亿日元，作为下一家能成为日本独角兽企业的公司而被寄予厚望。

091

SmartNews
新闻应用程序
日本
企业估值：5.1 亿美元
由人工智能来挑选用户感兴趣的新闻

位于日本东京涩谷的 SmartNews 是一家提供新闻聚合应用的公司，通过数据分析推测出每位用户关注的领域，以此来为用户推送新闻消息。

这款手机应用程序的下载量已达 4000 万次，在日本的新闻应用程序中拥有最多数量的活跃用户。在该程序上提供新闻的媒体数量达 2700 多家。

为什么 SmartNews 会如此受日本用户欢迎呢？

我们知道，每天都会有大量的新闻更新，要在不同的媒体网站上一一查看十分麻烦。但在综合新闻网站上又会出现很多不感兴趣的新闻，专门去找自己想了解的信息也很麻烦。

而 SmartNews 会让每一位用户极为方便地得到自己感兴趣的信息。这款手机应用程序可以根据每位用户的特点和兴趣推荐新闻，以提供"个性化的发现"。例如，早中晚按时向用户发送 2—3 篇推荐新闻的推送。

优先推送符合客户喜好的新闻

利用人工智能筛选每位用户可能感兴趣的新闻。在海量新闻中，由人工智能挑选出用户当前最需要浏览的新闻，并进行推送。用户能优先看到符合自己喜好的新闻，满意度将不断提高，会更加倾心于这款应用程序。

该程序同时还具有定制功能，用户可选择自己感兴趣的新闻类型并将其置顶，还可删除不感兴趣的新闻类型。

SmartNews 对于提供报道的报刊和电视等媒体而言也是有利可图的。不仅可以提升品牌认知度，还可从 SmartNews 的广告收入中抽取一部分利润。

还可提供优惠券与英语学习服务

SmartNews 还有除了新闻以外的优惠券频道，如为用户提供可在日本全国 2.5 万家商户使用的优惠券。在 GASUTO 连锁餐厅、牛角烤肉店、吉野家牛肉饭专门店、麦当劳等连锁餐厅里，都可以享受打折优惠。

同时，SmartNews 还开设了英语学习频道，其中设有提高英语会话能力的专栏，教一些常用的英语口头表达；另外还有锻炼英语写作能力的专栏；等等。SmartNews 每天都会更新各种英语相关专栏，能够在应用上阅读英语新闻。

SmartNews 现正进军美国，在美国的纽约和旧金山都设立了办公室。他们也向美国用户提供手机应用程序，致力于全球化发展。

092	TBM 新材料 日本 企业估值：5.12 亿美元 **用能源消耗小的新材料代替塑料**

名片、透明文件夹、饭碗、餐盘，还有下图中带有光泽且手感光滑的产品，都是用日本的新兴创业公司 TBM 研发的新材料 LIMEX 制成的。

LIMEX 是从"Limestone"（石灰岩）这个词衍生而来的新词。这种新材料的原料，是以碳酸钙为主要成分的石灰石和树脂。通过改变树脂的种类和数量，再与石灰石混合，便可以让新的混合物变得像纸一样薄，也可以将其制成立体的形状。该材料不易破，防水，质地轻且持久耐用，用途广泛。

该材料最大的特点是制造时的能源消耗小。通常，制作 1 吨纸张需要 20 棵树木和 100 吨水，但是用 LIMEX 制作薄板的话就不需要木材和水。而且，与生产塑料相比，还可大大减少石油的使用量。

新材料 LIMEX 的主要原料是石灰石（位于照片后方）。该材料像纸张一样轻薄，不易破，且防水（照片提供：竹井俊晴）

世界上埋藏着大量的石灰石，日本各地的石灰石储量更是丰富。今天，LIMEX 的使用回收再利用，能够代替塑料进行再加工。"保护森林和水资源是世界性课题。希望产自日本的新材料 LIMEX 能为世界做出贡献。"TBM 的董事长山崎敦义意气风发地说道。

专家助力商品开发

2010 年，山崎董事长决定用石灰石来开发新材料。为山崎董事长提供专业支持的正是原日本制纸公司专务董事角祐一郎。角祐一郎于 2011 年参与策划创办 TBM，后又担任该公司总经理。

公司以角祐一郎为核心组建团队，正式开始研发工作。2012 年 6 月，TBM 公司与日立造船共同研发材料成型技术。2013 年 2 月，该项目被选为日本经济产业省的创新基地推进项目。2015 年 2 月，位于宫城县白石市的试验工厂竣工并开始批量生产。该公司计划于 2020 年在多贺城市建成具备 5 倍生产能力的第二工厂。

2016 年 6 月，用 LIMEX 制成的名片开始销售。从新兴创业公司到大型企业，已有 2000 多家公司使用这种名片，也因此提高了 LIMEX 的知名度。2017 年 6 月，回转寿司巨头用 LIMEX 材料制作菜单。TBM 公司则打算今后将新材料推广到建筑材料等领域。

近年来，随着微塑料垃圾引起的海洋污染日益严重，欧美国家已经开始采取行动，限制一次性塑料制品的使用。山崎董事长说："时代需要 LIMEX。我们要尽最大的努力和热情去改变社会。"投入巨额资金，要想快速收回利润当然困难重重。山崎董事长发起的重大挑战，现在才刚刚开始。

093

Treasure Data
大数据分析
美国
企业估值：6 亿美元
根据宝贵的数据进行客户分析

"看不到客户真实的一面。"相信很多企业都有这样的烦恼。

原因之一，是很多企业将客户的数据交由公司内外各个部门分别管理。以汽车制造商为例，有来自公司网站的车辆数据、广告投放数据，经销商的销售数据、活动参与者数据等。

如果把同一客户的相关数据，分别让不同的部门来处理，便无法准确掌握该客户的行动。如客户收集了某汽车制造商的信息，然后在经销商处购买了该制造商的汽车，并且参加了相关活动，但由于该制造商没能掌握整体状况，有时甚至会让客户感到自己的需求没有被理解。

坐落于美国硅谷的 Treasure Data 公司所提供的平台，便可以在短时间内将这些分散的、大量的客户数据整合在一起进行分析。

如果能掌握客户的真实状况，会有怎样的好处呢？不仅可以提高客户的满意度，还可以提高广告和宣传活动等市场营销的精准度，有利于销售产品。

汽车行业的斯巴鲁、饮品制造行业的麒麟和三得利、化妆行业的资生堂、服装业的 UNITED ARROWS、金融业的 Credit Saison 等 350 多家企业已经成为 Treasure Data 的客户。很多企业通过客户数据的一元化管理来促进市场营销。

2011 年，Treasure Data 在美国硅谷成立，创始人芳川祐诚等人曾在美国红帽软件公司及三井物产旗下的风投机构任职。该公司因基于云端的大数据分析而备受关注，于 2013 年打回日本市场，在短时间内陆续赢得以各行业巨头为代表的客户，目前正在进一步扩大业务。

被软银旗下的 ARM 收购

2018 年 8 月，Treasure Data 被软银集团旗下的半导体制造商 ARM 以6 亿美元的价格收购。ARM 正在加强物联网战略，试图建立从设备到数据统一管理的物联网平台，因此相中了擅长大数据分析的 Treasure Data。物联网所需要的，正是能够整合多种数据并进行分析的技术。

"到 2035 年前，将有 1 万亿台设备与网络相连，所有产业将被重新定义。"软银与 ARM 如此描绘物联网的未来。在需要利用大数据的时代，Treasure Data 的价值将会越来越高。

结束语

日本初创企业的腾飞条件

现在，被称为"失去的30年"的平成时代终于结束了。

平成时代在泡沫经济的最高潮和破灭中拉开了帷幕，雷曼事件和"3·11"东日本大地震等前所未有的灾难更是接踵而来。然而，在这之后，日本将面临更加严峻的未来。预计到2025年，年龄在65岁以上的日本国民约占三成。如果继续再这样下去，随着适龄劳动人口的骤减，日本很有可能就此消失。

是时候跟长期在低迷中挣扎的平成时代做一个了结，开始"反攻"了。"反攻"的关键是创造新产业的初创企业。今后，日本企业也有腾飞的机会。

一直高高在上的GAFA也开始出现异常征兆。2019年1月，法国开始向互联网巨头征收数字税。而在此前的2018年5月，欧盟就颁布了以保护个人信息为目的的《通用数据保护条例》。"利用免费收集的个人信息将利益最大化的GAFA商业模式，迎来了转折点。"来自理特咨询公司日本子公司的合伙人铃木裕人如此评论道。

GAFA之所以能在短时间内扩大规模，并不是靠大型店铺和工厂，而是得益于它们强大的虚拟基础设施。它们通过抢占IT革命的先机，一举完成了规模的扩张。然而，此前的顺风而行如今却变成了逆风前进。支撑GAFA大规模发展的智能手机，自2018年后全球出货量开始走低。

前文出现的理特咨询合伙人铃木这样评论道："苹果开始出现'索尼化'的征兆。"在创始人史蒂夫·乔布斯过世后，苹果再没有推出任何超越iPhone的产品。索尼也是在创始人去世后开始走下坡路，花费了相当长的时间才重新恢复活力。

就连谷歌也并不是稳如磐石。为了应对今后各国出台的反垄断法，谷歌必须在拥有绝对优势的搜索和移动领域做出战略调整。就像过去微软在苦战时谷歌却突飞猛进一样，本书介绍的各新兴领域出现的新星未来一定会迎来大显身手的机会。这对于善于深挖利基市场、拥有众多产业的日本来说是个机遇。

日本只有一家独角兽企业

然而，从现状来看，世界性的新兴创业企业要从日本兴起是不可能的。根据美国风投数据公司 CB Insights 的报告，全球共有 237 家估值超过 10 亿美元的非上市独角兽企业（截至 2018 年 3 月），其中美国企业约占比 50％，中国企业约占比 26％。即使按 2018 年末的时间点推算，日本也只有 Preferred Networks 这一家独角兽企业。汽车产业应该是日本的优势产业，然而，在自动驾驶、空中汽车以及共享汽车等领域，引领创新的仍是海外势力。著有《经济发展理论》一书的约瑟夫·熊彼特曾说："无论多少辆马车相加，都不能得到一辆火车。"无论那些巨头如何努力，终究不过是"在既存事业的延长线上发展，不会发生划时代的革新"（美国斯坦福大学亚洲太平洋研究中心椭田健儿研究员语）。正因如此，才更需要新兴创业公司。

中美独角兽企业总和已占全球总数的3/4

● 全球独角兽企业数（截至2018年3月）

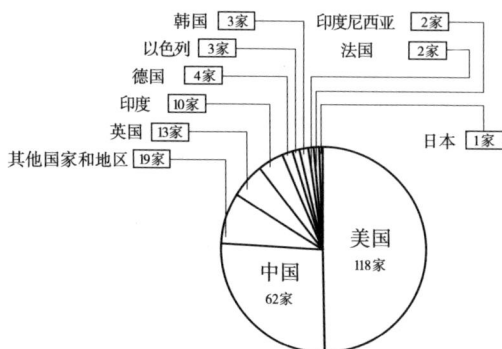

韩国 3家　印度尼西亚 2家
以色列 3家　法国 2家
德国 4家
印度 10家
英国 13家
其他国家和地区 19家
日本 1家
美国 118家
中国 62家

注：日本的一家为 Mercari。该公司于 2018 年 6 月上市后不再是独角兽企业。日本的人工智能开发企业 Preferred Networks 的估值也超过了 10 亿美元
出处：CB Insights

说着轻松，但如果真想与世界各国势均力敌，日本必须要解决搁置了多年的问题。

首先是要培养年轻的企业家。"拥有资金和技术的经营者应退后一步，通过培养下一代的方式来获得回报。年轻一代与经验丰富的老一代合理分工才是硅谷活力之源泉。"说出这番话的，是在硅谷支持创新公司的《地缘科技学》一书的作者吉川欣也。

在硅谷创业的人平均年龄在 30 岁左右，而日本 60 岁以上的人口占到总人口的 1/3。进入平均寿命 100 岁的时代，应该会有不少老年人开始创业吧。虽然这也值得欣喜，但是把创业的机会留给才思敏捷、充满活力的年轻人，资历深厚的老前辈们则从后方提供经验和人脉进行支援，才能更好地发挥双方的优势。

还有一个必须解决的问题是胆怯。新兴创业公司 WiL 的联合创始人兼首席执行官伊佐山元曾说："美国斯坦福大学商学院一半的毕业生要么在不知名的初创企业就职，要么就是自己创业，然而日本的优秀人才却几乎都进入了大企业。这是阻碍初创事业发展的最大瓶颈。"究其原因，那是因为日本社会历来不太认可人们挑战未知领域。

决定胜负的"失败经历"

日本早稻田大学的客座教授村元康指出："日本的企业家需要学习赞赏'失败经历'的美国做法以及'比起空想先行动'的中国做法，除此之外还应该学习这两个国家的'能说会道'。"

日本人慎重、深思熟虑、谦虚的美德，为二战后的制造业发展起到了积极作用。然而，在所有产业向服务化转变的今天，这反而成为阻碍日本前进的枷锁。

在尚未知晓正确答案的初创领域，在失败中反复摸索的经验值差距，是决定胜负的关键。村元教授劝诫道："畏惧失败，将失败者贬低为'考虑不周''盲目求快'的社会风气如果不变，就没有与中美竞争的胜算。"

产业实力毫不逊色的日本，独角兽企业数却远不及中美两国，高千穗大学的永井龙之介副教授指出，展示能力低是主要原因。"他们善于用热情洋溢的话语赢得市场的认可。在技术方面日本企业虽稍胜一筹，但资金方面的差距却会导致失败。"

这些日本必须解决的问题，都是日本人和日本企业的内在问题。只要下定决心做出改变，从现在开始也来得及。

《日经商务周刊》编辑部

2019 年 6 月

图书在版编目（CIP）数据

革新：科技改变生活 /《日经商务周刊》编；杨
晶晶译 . — 杭州：浙江人民出版社，2021.7
　　ISBN 978-7-213-10103-8

　　Ⅰ . ①革… 　Ⅱ . ①日… ②杨… 　Ⅲ . ①高技术企业－
技术革新－世界－通俗读物 　Ⅳ . ① F276.44-44

中国版本图书馆 CIP 数据核字（2021）第 059072 号

浙 江 省 版 权 局
著 作 权 合 同 登 记 章
图字：11-2019-395 号

10 NENGO NO GAFA WO SAGASE SEKAI WO KAERU 100 SHA
written by Nikkei Business
Copyright© 2019 by Nikkei Business Publications, Inc.
All rights reserved.
Originally published in Japan by Nikkei Business Publications, Inc.
Simplified Chinese translation rights arranged with Nikkei Business Publications, Inc.
through Hanhe International (HK) Co, Ltd.

革新：科技改变生活

　　［日］《日经商务周刊》编　杨晶晶　译

出版发行：浙江人民出版社（杭州市体育场路347号　邮编　310006）
　　　　　　市场部电话：（0571）85061682　85176516
责任编辑：郦鸣枫　李　楠
营销编辑：陈雯怡　陈芊如　赵　娜
责任校对：姚建国
责任印务：刘彭年
封面设计：昇一设计
电脑制版：北京弘文励志文化传播有限公司
印　　刷：杭州丰源印刷有限公司
开　　本：710毫米×1000毫米　1/16　　印　　张：14
字　　数：183千字
版　　次：2021年7月第1版　　　　印　　次：2021年7月第1次印刷
书　　号：ISBN 978-7-213-10103-8
定　　价：58.00元

如发现印装质量问题，影响阅读，请与市场部联系调换。